# 你也是产品

## 产品思维纵谈

李超 陈志昊◎著
贺金玲◎插画

電子工業出版社
Publishing House of Electronics Industry
北京•BEIJING

## 内 容 简 介

产品经理这个职位发展至今，已经积累了大量成熟的思维方式理论、工具、经验和方法技巧，本书将这些“宝藏”进行系统化的整理，将产品思维拆解为多种思维模式，包括用户思维、竞争思维、本质思维、系统思维等，穿插在书中讲述它们的概念、使用方法，以及如何落地应用。本书不仅涉及产品构建的历史、理念、方法、管理路径，还配有大量实际应用案例。这些案例来自一线实际操作、生活经验和历史经典，让读者可以高效地理解文章内容，快速打造和运营工作、生活上的产品。



**图书在版编目（CIP）数据**

你也是产品：产品思维纵谈 / 李超，陈志昊著. —北京：电子工业出版社，2020.1
ISBN 978-7-121-37365-7

Ⅰ. ①你…　Ⅱ. ①李…　②陈…　Ⅲ. ①企业管理－产品管理　Ⅳ. ①F273.2

中国版本图书馆 CIP 数据核字（2019）第 191788 号

责任编辑：陈　林
印　　刷：三河市良远印务有限公司
装　　订：三河市良远印务有限公司
出版发行：电子工业出版社
　　　　　北京市海淀区万寿路 173 信箱　邮编：100036
开　　本：720×1000　1/16　印张：14　字数：224 千字　彩插：1
版　　次：2020 年 1 月第 1 版
印　　次：2020 年 1 月第 1 次印刷
定　　价：69.00 元

凡所购买电子工业出版社图书有缺损问题，请向购买书店调换。若书店售缺，请与本社发行部联系，联系及邮购电话：（010）88254888，88258888。

质量投诉请发邮件至 zlts@phei.com.cn，盗版侵权举报请发邮件至 dbqq@phei.com.cn。

本书咨询联系方式：（010）51260888-819，faq@phei.com.cn。

# 前言

做产品经理久了，最爱做的事情就是思考“该如何思考”。

从 2011 年开始，产品经理这一岗位在国内一些头部公司活跃起来，这一年也是我加入网易的第一年，直至今天，我依旧奋战在产品经理的岗位上。

作为产品经理，我拥有丰富的经验。有一位同事打趣说：“你在网易这么多年，跨了四个一级部门，做了 20 款左右的产品，如果你算第二名，还不知道有没有第一名。”的确，无论是 to B 还是 to C 的产品，我都做了不少。对于大多数的内部调动，我都不是主动去找机会，而是“被安排”去做新的项目，或者是被某部门的领导看上，“被邀约”。当然，有时候也有我自己想做的事情。

虽然我不是在每一个行业都能被称为专家，但作为一个专业的产品经理，在做产品的方法论上我还是非常专业的。在面对一些陌生的问题时，我总能做到先思考“该如何思考”，然后再动手行动。

在做产品经理的前两年，我并没有这样的觉悟。那时我更希望“被认可”，而不是把产品做成功。所以我加班很多，做大量的工作，努力把文档做得细致、美观。直到有机会和更多优秀的产品经理对话，我才发现，作为一个产品经理，最大的魅力是展现强大的思考力，提出的方案让人有“安全感”，让人愿意与你一起奋斗。

魅力十足的产品经理都有一种更加前置的思考问题的能力。比如很多产品经理都做过账号系统，但在我认识的人中，我只听其中一个人讲过“三户体系”（即客户、用户和账户之间的关系）。

要成为更好的自己，就要把自己的思维“强壮”起来，让自己的思维更加系统、成熟。这几乎是一次“顿悟”。从此，在做一件事之前，我开始让自己先等一等，但也会给自己设定一个限期。在“等一等”期间，我会思考这件事该如何做才会更好，或者理解这件事是什么意思，为了达到什么目的（这正像在第 11 章中所讲到的“线索药丸”一样）。

后来“等一等”几乎成了我最爱做的一项工作，这项工作包括学习、信息收集及思考。“等一等”几乎是最重要的环节，也因为这个环节，我才有机会和我的搭档完成这本书。

“迭代”是一种能力，它让我们过得更好。自从我生下一对双胞胎兄弟，就常听到这样一句话，“相信他们是你最好的产品。”我非常认同这个说法，因为每次和孩子们在一起，我都会仔细地观察他们，认真地思考怎样才能让他们过得更好。我想，答案是让他们自身拥有持续进步的能力，变得更好，正如我打造的产品一样。

并不是所有人都能在不断变化的外界中自我更新、自我适应，事实上不少人还会选择固守己见。人人都想过得更好，但有些人不知道这需要变化，更不知道该怎么变化，这正是一种欠缺能力而导致的迷茫。

产品经理在大部分时间里都在带领团队做产品迭代。渐渐地，“迭代”已经不是一件事情，而是随着日积月累形成的一种能力，这种能力体现在思维之中。比如，应该朝着什么方向、以什么为优先级、在什么样的时间点、用多少资源去迭代产品，对这些问题的思考都需要刻意的练习。

相信本书带给你的不仅是打造一款产品的方法，还是不断迭代的思维方式。这些思维方式有益于产品经理的工作，还能将我们自己打造得更好，让我们过上更好的生活。毕竟，你也是产品！

李　超

2020 年 1 月

# 目录

## 第1部分 产品思维是什么

## 第 2 部分
## 发现与提出需求



## 第 3 部分
## 将需求产品化

## 第 4 部分
## 发展产品

# 第1部分 Chapter 1

# 产品思维是什么

当你拿起一个苹果时，有没有想过，它为什么会出现在你的手里？如果因为长相红润，那果农应该种植更多这样的品种；如果因为新鲜可口，那么就应该继续在运输上下功夫。

一个产品人就会想这么多，往往看什么都是产品，事事都用得上产品思维。

## 第 1 章

# 理解产品

## 1.1 你能说出“产品”的定义吗

“在一家生产通信设备的企业里，多数员工会认为：互联网公司是没有产品的。”一位制造业的朋友谈及产品曾这样说。

那么问题来了：对于同样的东西，为何一些人视之为产品，而另一些人则觉得并非如此呢？这看似是不同人对“产品”定义的理解不同，其实背后的真正原因是很多人都不知道“产品”是什么。

回想一下，你对“产品”一词的理解，是否仅来源于你的个人经验？假如你现在供职于一家服装厂，而厂里的人都把服装称为“产品”，那么产品一词就会在你的大脑中形成一些印象：它是可触碰的、有价格的、由团队开发创造的实体。

很多生活中常用的词语，人们其实都无法说出它真正的定义，只是凭借着自己的经验去理解它，并跟随大众一起去使用它。比如你一定认识猫，那么现在请试试看：你能说出“猫”的定义吗？

国外某网站曾经有一款产品，用人工智能技术来识别图片，结果很快被下架了，原因是把人识别成了大猩猩。

这些寻常的词语，我们能用就行了，为何非得搞明白它的定义呢？这是因为，对于一名产品经理来说，首要的一件工作就是明确业务中的关键名词，并确保与团队伙伴及合作者保持一致的理解。倘若你不能给一个词语下一个定义，就不能给一个事物（或一件事情）画一条清晰的边界，更无法给一个产品的形态及发展划定清晰的范畴。

“定义关键名词”是我们产品思维中极其重要的一部分。

现在，让我们认真聊一聊“产品”的定义。第一个问题是：如果不依靠经验，我们该用什么方法去理解一个关键词？

现在我们用三种方法来找到“产品”的定义，这三种方法也是三种工作思维模式。

搜索、查看“网络词条”是第一个办法。

“产品是指能够供给市场，被人们使用和消费，并能满足人们某种需求的任何东西，包括有形的物品、无形的服务、组织、观念或它们的组合。产品一般可以分为五个层次，即核心产品、基本产品、期望产品、附件产品、潜在产品。”

电影《三傻大闹宝莱坞》里有一个桥段，男主角因为没有给出书上的定义而被老师赶出了教室。结果他回来拿东西，老师问他拿什么。他说，一种记录、总结、分析、组织、讨论及解释信息的工具，它有插图或者无插图，是硬皮的或者平装的，是有夹套的或者无夹套的，包含前言、简介、目录、索引，是用来增长知识或者加深理解的，是可以提升并教育人类大脑的装置。该装置需要用视觉，有时候也需要用触觉，我们简称其为书。

这个定义没什么问题，但网络词条的文字定义常常把人“绕晕”。我们画一张图，看看图片能否帮助我们理解一个词语。

图片定义更加容易理解，它把一句枯燥的、富含逻辑的话进行了更加清晰的拆解。在这张图上，产品、市场与群体之间的逻辑关系被放大并加以说明，可以便于我们理清思路。

图片比文字传达的信息量多，而且图片更具视觉冲击力。从演化上来看人们更容易接收图片信息，毕竟我们有文字的历史实在太短了。

这就是第二个办法，我们称它为“可视化”。

在一名产品经理的工作中，无论是向研发团队阐述需求，进行成果汇报，还是向用户介绍还未开发完成的产品，都需要借用图形。它帮助产品经理提高工作效率，也便于日常与人沟通，这就是可视化思维。

有一部短视频叫《啥是佩奇》，讲述的是孙子在电话里告诉爷爷，自己想要一件新年礼物：佩奇。可爷爷并不知道佩奇是什么，于是问遍了全村，费了好些时间，在一个村民的指导下，用一些铜、铁之物，才亲手为孙子打造了一个“佩奇”。故事虽然是讲关于亲情的事情，但是我们也看到一点：缺乏可视化的沟通，是多么影响效率呀！

对于理解概念来说，可视化工具的确是一件利器。但它只是把复杂的定义更清晰地展示出来，却没有真正简化定义本身。只要再看一看前文的产品定义图，我们就会有更多的疑问，什么是核心产品、基本产品、期望产品？而观念产品、组织产品又指的是哪些？

现在，让我们使用第三个方法：特征辨析法。

其实人们极少会通过“是否符合定义”来辨识事物，更常用的是根据“事物的特征及组成”来进行辨识，即“特征辨析法”。这就像我们虽然说不出“猫”的具体定义，但通过识别猫的特征就能认出“这是一只猫”一样。

特征辨析法要求我们根据对事物本质的理解，明确其组成和特征，这就需要“本质思维”了。本质思维是产品打造中一个重要的思维，后面章节会详细讲解。

修行之初，见山是山，见水是水；修行之中，见山不是山，见水不是水，这就看到了事物的本质。从这个角度看，产品思维是一种修行呀。

“产品”是一个存在于市场中的概念。明确其定义可以从下面三个问题开始：

（1）事物产生的原因。

（2）事物存在的形态。

（3）事物维持下去的原因。

从这三个问题去理解产品，我们可以想到以下几个方面的事情。

（1）任何产品的产生，都是由它的生产者生产出来的。而生产者之所以要生产这个“产品”，是因为想获得一定的回报。想从谁那里获得回报呢？用户！每一个产品一定会有它的目标用户。所以一个产品首先要包含两个基本元素：生产者和用户。

（2）如果用户不购买生产者的东西，那这个东西还能叫产品吗？答案是肯定的。即使没有成功产生消费行为，产品也还是产品。后面我们也会讲到，产品不一定会成为商品，但商品一定是产品。

（3）需求是生产者提供价值的依据。用户为了让自己的需求得到满足，从而消费产品。越是“刚需”，用户的消费意愿越强烈。产品经理所重视的“产品创意、产品优势”，应该都以用户需求为基础。判断用户有没有这个需求，需求有多强烈，是产品打造、维持的根本原因。

刚性需求是指在商品供求关系中受价格影响较小的需求。当刚性需求被上涨过快的商品破坏后，这个刚性需求就成了弹性需求。

（4）激励因素往往是从用户那里获得一些回报，比如用户为产品进行金钱支付，或者为产品贡献活跃度等。为生产者带来直接或间接的利益，可以激励生产者再次生产。所以在做产品时，产品负责人会很重视结果的正向反馈，一次次“小而确定”的“胜利”，是产品得以存活下去的保障。

当然，某些时候，负面的反馈也可以起到正向的作用。

我们通过可视化图来分解一下产品的组成和特征。它包含4个关键特征，分别是生产者、价值、用户以及回报期望。

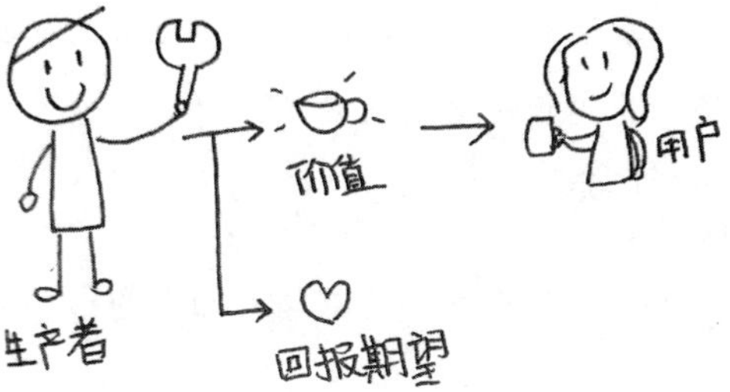


可以肯定地说，当你看到一件事物，只要辨别一下它是否存在这些要素，即可知道它是否是一个产品，这种方法就是特征辨析法。在团队合作过程中，用特征辨析法来明确产品概念，最容易达成清晰的共识。

（1）它有没有生产者，生产者有没有目标用户。

（2）生产者是否提供价值。

（3）生产者是否期望用户完成既定行为。

我们用更多的案例来练习并检验一下这个方法。

**辨别题 1**：陈老师（陈志昊，本书作者之一）在浙江大学讲课，这些课程是产品吗？

回答：

（1）这些课程的生产者是陈老师，而陈老师的目标用户是台下的学生。如果还有人录制课程，那么陈老师的目标用户就要扩展为收看课程录像的人。

（2）陈老师创造的价值是传播知识、解决问题、矫正行为。

（3）陈老师因为提供这些课程而谋取收入。为了能够更长久地做一名老师，陈老师必须让学生学会其所讲的知识，或者认可其课程价值，所以他十分希望学生的成绩能够得到提升。

公益课算不算产品呢？

当然算产品！没有卖钱的产品，也是产品。我们通常会误以为，只有产生金钱交易的才是产品，其实确切意义上来讲，它们是商品。商品虽然一定是产品，但是产品却未必是商品。

以上三点完全具备产品的要素，所以陈老师讲的每一节课都是产品。

课程，真的能算产品吗？作为一名经验丰富的互联网产品经理，“课程属于产品”已然是一种基本认知。很多课程被录制下来，在互联网上被反复销售。教育行业的名师战略逐渐收紧，取而代之的是标准化的课程，这正是基于“课程是产品”的前提。

**辨别题 2**：你也是产品吗?

如果我们是产品，那么我们的生产者是父母吗？当回答“是”的时候，请想一想我们面对不同对象的不同“面孔”：面对老师，我们有着作为学生求知的面孔；面对父母，我们有着作为子女孝顺的面孔；面对职场，我们有着一副干练的面孔……除了我们自己，任何人都无法真正造就这些不同的面孔。我们的生产者，就只能是我们自己。

也就是说产品是我们把生产资料重新进行包装重塑后得到的，而生产资料本身并不是产品。所以父母给予的是肉身，你的灵魂是自己塑造的。心理学认为基因对人有影响，但是占主导地位的是后天经验和环境。

如果人只是活着，那么未必算是产品。但是，你一旦开始与其他人互动，你就变成了一个“产品”，你需要将自己以某一个价格“销售”出去。

谈恋爱，是希望对方接受你这个“产品”；找工作，是要公司接受你这个“产品”；做父母，是要孩子接受你这个“产品”……不要认为被接受是天然的，我见过太多不被接受的父母了。被接受的“产品”都有一个共同点，那就是都要提供某种被“客户”认同的价值。

依据产品的要素，我将自己的三个身份进行了表格化的梳理，可以肯定地说，我就是一个产品啊！

| 生产者 | 产品形态 | 生产价值 | 期望用户回报 | 用户 |
|---|---|---|---|---|
| 自己 | 产品经理 | 策划出好产品 | 用户留存 | 产品用户 |
| | 母亲 | 亲子教育、抚养 | 子女快乐健康成长 | 子女 |
| | 作者 | 知识与经验传播 | 读者的认可 | 读者 |

你可能觉得有点牵强，作为母亲，母爱与生俱来，陪伴与家庭教育都是理所应当的，何谈产品化？因为有“爱”，不计回报地对一个人好，这是自然而然的事情啊？！如果说母亲是一种产品形态，一切就变得冰冷了，失去了情调。

母亲这个角色是不是产品，并不以你对孩子的爱的深浅来判断。人只要以某一种面孔与人互动，就是一个产品了。你将面对来自用户（你互动的对象）、周边人对“你”这个产品的“质量”评价。

人与人之间，可能在相互提供价值、相互消费的过程中形成良好的循环，共同进步，并成为更好的生产者和更好的用户；也可能生产者的产品与用户需求不一致，用户无法响应生产者的期望，最终导致关系的破裂。

家庭之事、情侣之事，不都是如此吗？

其实很多事物的底层逻辑是相通的，换一个角度看待事物能摒弃事物本身所带的影响因素，也许会得到意想不到的收获。

现在你也可以自己来练习一下。想一想：一位心理医生的一次咨询是产品吗？一名销售在什么样的情况下称得上是“生产者”？厨师的一道菜是产品吗？

如果你打算在一个方面有所精进，那么是否相当于你正在做一款产品呢？现在，就请你拿出一张纸，把由你作为生产者所能生产出的产品全部写出来。

## 1.2 用户选择圈：用户的选择漏斗

在你选择产品的时候，你就选择了一种生活。反过来说，当你身处一种生活状态时，你选购产品的范畴，也就受到了限制。比如素食主义者不会去选购肉食产品，低碳生活主义者会选择用手帕而非一次性纸巾，而丁克家庭则几乎不用去考虑婴儿用品。

选择是每时每刻都在做的，重要的是你走在一条路上，而不去羡慕另一条路的美好。

当我们以为每一次购物都是一次自由的选择时，其实我们受到的限制很多。有些限制我们能感知，比如钱够不够；有些我们难以感知，比如我们对"好的"商品认知各有不同。这些构成了我们在选择产品时，所受到的显性的和隐性的限制。可以把这些限制画一个圈，我们称之为"用户选择圈"。给用户选择圈下一个定义，就是指用户因个体价值观和物质基础不同，在购买产品时做出局限性的选择。

"用户选择圈"可以帮助我们理解用户做出购买选择的本质原因，可以帮助生产者思考业务拓展方向。

为了说明"用户选择圈"这个概念，我们要说说另外两个关键词：优势和标签。

### 1. 产品的优势与用户选择有什么关系

在市场中，大部分产品的寿命是短暂的。产品能活下来，依赖于用户不断地复购和不断产生新用户。而用户为何会选择你的产品，就是关键了。

互联网时代的情况可能比这个更可怕。在美国，以前几乎每个州都有自己本土的钢琴生产商，因为这东西运输实在是太麻烦了。虽然质量参差不齐，但是大家彼此共存。现在美国的钢琴品牌已经很少了，因为现代化的交通、物流和物联网技术使得运输和通信的成本大大降低，大家都选择相对好的钢琴品牌，形成了赢家通吃的局面。

简单而言，就是“优势”（说起来容易，做起来难）。在经济学中有两个概念：绝对优势与比较优势。

以我们家楼下的火锅店为例，虽然开车只要半小时就能在别的地方找到一家海底捞，但这并不影响这家小店的生意。事实上，它经常顾客爆满，丝毫不逊色于海底捞。从品牌知名度上来看，海底捞拥有绝对优势。但楼下的小店在距离和价格上，相对于海底捞而言具有比较优势。那么这家小店的推广重心，就应该放在关注价格和距离的潜在顾客身上，而不用在品牌上和海底捞竞争。

优势不是生产者自己的定义，而是消费者的认知。

网易云课堂在推出企业课程产品的初期，一个客户曾谈起，他认为网易云课堂最大的优势并不是官方网站呈现的东西，而是平台本身企业课程数量还不多，这样他的企业在上面做企业课程就能受到更多的关注。

优势与用户选择圈息息相关。不同群体因为个体差异，如时间、距离、金钱等，选择范畴有所不同。这就形成同一种产品的不同生产者，因为成本不同、价格不同、优势不同、地点不同等而具有各自的比较优势。这就使得竞争激烈的红海市场（指的是现有竞争激烈、残酷的市场），依然有着普通生产者的生存空间。

再比如，距离旅店、景区都不算近的饭店，又该如何立足呢？

距离旅店、景区近的饭店，租金成本往往更高，产品价格就降不下来。因为人流量大，在服务和菜品质量上，也很难做到精致、地道。因而旅客们常常会觉得性价比很低（这也不是绝对的，有些饭店还是相当不错的）。而对于追求吃地道当地菜的旅客来说，距离较远的饭店就可以在菜品质量上下足功夫，通过建立良好的口碑来保障客流量。

所以做产品的确不需要让所有用户满意，而是要找到不同用户选择产品的动机，打造属于自己的比较优势。

### 2. 给用户贴标签并不能完全找准用户群体

我们经常用“贴标签”的方法来对不同群体的人进行描述。比如说“90后喜欢非主流”“老年人不会用手机”等。很多产品的生产，也基于用户的标签。

标签往往是一些表象的东西，我们想要理解这个复杂的世界就需要了解它们的底层逻辑。普通人只看表象，而高手还讲逻辑。

在广州的上下九步行街，有着数不清的商铺，但一眼望过去，总会给人一种错觉：整条街都是卖衣服的。每家店门口，都少不了两三个叫卖员。你本以为他们会拿出最具潮流、最独特的衣服来吸引过往行人的注意，但事实上，他们摆在店门口更多的是不超过20元的T恤。这些T恤材质普通，制作成本低廉，胸口区域的图案花样繁多，但销量长盛不衰。

这样的衣服主要面向年轻人，他们中很多是大学生。大学生有这样的特征：

（1）穿着平实，适合上课。

（2）经济来源为父母，并且有限制。

因此，他们可选范围内的衣服其实并不多，而这种图案多变的廉价T恤，可能是他们最合适的选择。

在淘宝上，搜索“大学生T恤”，我们可以看到，聪明的商家都知道大学生的“用户选择圈”特征：样式简约、图案多变、价格便宜等。与关键词相关性强的搜索结果也非常多。

然而有时候我们也不要忘了，多数人都对“牌子货”（知名品牌）有所向往，好的品牌能够满足一些人的虚荣心，也能获得他们的高度信任，甚至有人就是对某些品牌拥有特殊感情。在上千元的耐克鞋的买家中，从不缺乏大学生。单纯给“大学生”贴上“购买力低”的标签，显然就不完全符合市场情况了。

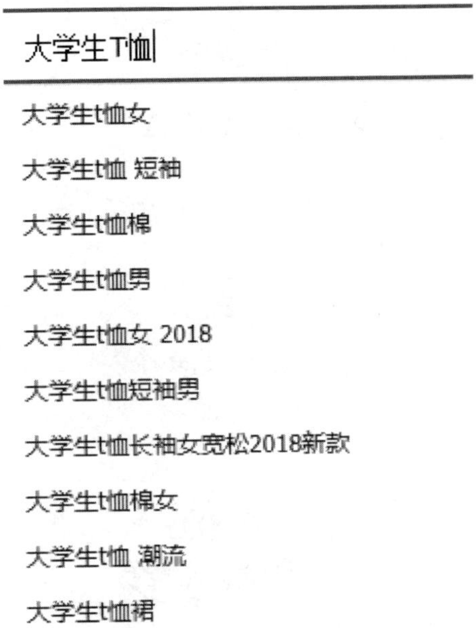


贴标签并非一无是处，在很多情况下是有效的。比如说“四川人爱吃辣”，生活中你也确实很难找到不吃辣的四川人。但如果把所有形容四川人的标签都拿出来看一看，就会发现，几乎每个四川人都可能与其中某一个标签不符，但他们还是四川人。正所谓“不要一棍子打死一群人”，人既属于群体，但也拥有个体性差异。

那么，我们如何理解及使用“用户选择圈”并进行用户分析呢？

在前面我们说过，一个人在做出购买决策时，并不像表面上看那么随机、自由。选择一种产品，就是选择一种生活，而这种选择受制于个人实际生活状况。也就是说，那些在你选择范围内的产品，其实在你看到它们之前，就已经被你筛选过了。我们用下面这个漏斗来表达整个筛选过程。

漏斗的第一层是自我定位圈，即最初人们对自我生活的期望。这种自我定位会限制我们对产品的选择。比如想成为一个知性的女人，那么在买衣服时，简洁而大气的穿衣风格就会在选择范围内，而几乎不考虑朋克风格的夹克衫。

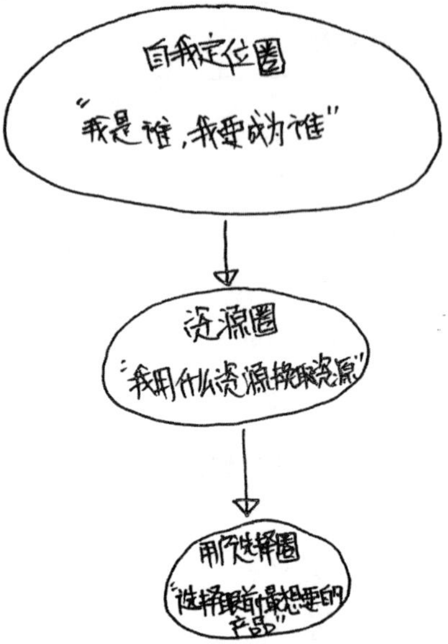


如果一家化妆品店的某位顾客想挑选一支口红，大可不必问那些琐碎的问题：你是喜欢茶色的、暗红色的，还是橘色的？你是喜欢香奈儿的、兰蔻的，还是圣罗兰的？而应该首先了解一下，这个顾客是想要让自己看起来性感一点儿、活泼一点儿、还是知性一点儿。往往，从一个人的着装、品位，也能看出一个人对自己外在形象的定位，满足这个定位的口红，就会在顾客的自我定位圈里。

而在上述大学生 T 恤案例中，我们首先要问的是：20 元的 T 恤符合怎样的个人定位。我们能想到的是：随性的、对外在没有太高要求的人。而这类人往往有个性、热爱自由，对他人的看法也并不过多关注。经过以上的分析，我们发现这样的 T 恤完全可以在花纹设计上更大胆一些。

自我认知，周围环境的定义，也就是我们常说的“人设”。这两个因素都很重要。选择购买一件衣服可能是因为你喜欢，也可能是你喜欢的人喜欢。

漏斗的第二层是资源圈，即个人的实际选择受制于“资源”的多少。这些资源主要受个人眼界、时间/空间、投入意愿的限制。接下来，分别说一说这三个方面如何限制了我们的选择。

（1）个人眼界

眼界即目力所及的范围，其引申意为见识的广度。每天只用大宝 SOD 蜜护肤的人，可能根本不知道爽肤水、肌底液是什么。即使遇到心仪的对象，想把自己好好打扮一番，也会无从着手。

当然，还有一种可能是固化思维在影响我们。越是有经验的人越容易被经验所左右。比如，一个警察在和一个老头儿下棋，突然警察的儿子冲了进来，“不好了，我爸爸和你爸爸打起来了。”

到底发生了什么？

答案很简单——警察是女的。

当我们说到警察、老头儿、下棋、儿子这些词的时候，并没有提起性别，但是一般人会下意识地和男性关联到一起。

（2）时间/空间

如果用户需要在有限的时间、特定的地点进行消费，我们就说用户的选择受到了时间、空间上的约束。比如，我们习惯在餐厅里使用免费纸巾，一旦餐厅要加收一元才提供纸巾，很多人就不乐意购买了。但即便如此，当你吃得满嘴都是油时，还是会选择购买。

再比如，景区里的水和零食都非常贵，所以去景区前，很多人都会自备好。但景区里的小卖店却没有因此而倒闭，也很少降价。在时间、空间的限制下，总有人会有需要，因为他们别无选择。商圈和小区楼下的店铺也是基于这种限制，产生了购物需求，才衍生出类似的商业模式。

再说 20 元的 T 恤，它们一般不是被精挑细选的产品，而是随手能带走的产品，也就是“刚好在此时此地被看中”。在上下九街这样一个拥有巨大人流量的集市，这些便宜但没有更多特色的T恤很容易被人顺手买走。对于很多中小产品而言，在流量大的平台上发展可以很快"吸粉"（吸引粉丝的关注）。

（3）投入意愿

投入意愿是一个人为获得一件产品而愿意支付的"筹码"。在行为经济学中有一个概念叫"心理账户"，它主要包括三种情况，一是将各期的收入或者各种不同方式的收入分在不同的账户中，不能相互填补；二是不同来源的收入做不同的消费倾向；三是用不同的态度来对待不同数量的收入。

比如人们就会把自己辛苦赚来的钱和意外得到的钱放在两个账户里。正常情况下，人们不会拿自己辛苦赚来的10万元去买彩票，但是如果是买彩票中奖的10万元，再拿去买彩票的可能性就大多了。

如果你获得500元奖金，可能会拿它来买一件400元的衣服，但是当你获得的奖金是5000元时，你反倒不舍得买衣服了，而是将这些钱全部存进银行。

一般打牌赢了钱的人，都会比平时大方。

如果你的产品价格较高，但它的使用期限却很久，就很容易被人接受。比如你花2000元买了一瓶高档化妆品，它基本能用一年半，计算一下你发现每天不到4元，这样你很可能就觉得它一点儿都不贵了。

事实上，你在自己变漂亮上花2000元，这不是问题，但是如果用这笔钱来买书，可能就会变得很难接受。

我们最终能为产品投入多少资源，与我们当下拥有多少资源并不直接对等。基于钱的不同去处，人们的心理账户也不同。你可能愿意花300万元买一套房子，却未必愿意花300元买一支钢笔，因为这与你的价值观息息相关。

所以，送别人礼物的时候，最好买那种他平时舍不得买，又不是很贵的东西。比如，住得起1000万元豪宅的人，不一定舍得买1000元的口红。对于这类人，送2000元现金远没有送1000元的口红有意义。

在“大学生T恤”这个案例里，我们可以根据心理账户这个概念反推买20元T恤的消费人群，即从钱的来源和去处理解什么样的人群愿意购买这样的T恤。

如果因为“钱的来源”问题买这类衣服，那可能是因为自己还没有收入，花的是父母的钱，家庭经济条件一般。

如果因为“钱的去处”问题买这类衣服，那可能是因为不看重穿着，不舍得在衣服上投入。或者衣服是买给某人的，比如妻子随手买给老公的，即对“某人”的心理账户没那么多。

针对“大学生T恤”的用户群体，我在网络上的多个社区进行了一番调研，整理出4类与我们推测的人群比较吻合。

第1类，衣服20元就够，省着钱买化妆品。

第2类，收入低，生活艰辛，不愿在衣服上投入太多钱财。

第3类，给别人买礼物，舍不得花钱，又不愿被看出礼物价格。

第4类，学生群体，还未赚钱，喜欢低调风格的穿着。

从以上4类人群中可以看出，投入预算在20元内的人并非只有学生。分析上面的信息，20元的衣服（特别是跟随潮流的衣服），对第1类、第3类人群有较大的吸引力。

综合上述分析，我们终于发现，这类服装不能简单地被标记为“大学生T恤”，它的用户群体应包括追求随性和自由的人、低收入人群、不舍得花钱但又要面子的人、尚未有收入的人。那么，这类衣服的设计就应该考虑以下因素：

（1）大胆，彰显个性；

（2）跟随潮流，和一线品牌风格类似；

（3）简洁、低调，以显得整洁、不俗。

最后，要说的是“用户选择圈”是富有弹性的，即一个人的选择范围是可以被扩大的，当然也可能会被缩小。

近些年来，随着互联网的迅速发展，在购买产品时，用户的选择圈明显地扩大了。比如我的一位朋友，有一次竟然在晚上 11 点钟说想吃 2 公里外的炸鸡，然后他叫了一份外卖，15 分钟后就送到了家门口。这在几年前是不可想象的。

很多互联网产品，其真正的价值就在于通过信息传播，开阔用户的眼界，或者通过提供工具，让用户的选择圈扩大。因为漏斗上面两层得以扩大，用户选择圈就自然会被扩大，这正是市场经济的生长。

从用户的角度来看，我们明白了为何一款产品会被某一用户群体选择。接下来，我们谈一谈产品的价值，从生产者的角度来看一款产品存在的原因。

## 1.3 “价值”始终是核心词汇

拥有价值并非难事，任何存在即合理的人或物，都有价值。

但价值大小却有所区别，比如你是解决了一个人的问题，还是解决了一群人的问题；是解决了一个简单的问题，还是一个复杂的问题。价值与复杂度、覆盖面成正比。

在价值打造上，我们很容易陷入“是先有鸡，还是先有蛋”的问题：是先高成本地打磨出一个高价值的产品，再去大力推广；还是先吸引大量用户或购买量，在有了好看的数据之后，再去为提升产品的价值而投资呢？

其实这个问题早已被经验丰富的人转换成了另一个问题：如何进行低成本的创业试水？

业界特别流行的做法是制作一个 MVP 版本，比如拍一段概念版的视频、做一个 PPT 和一个高保真原型来测试用户是否愿意为新创产品买单。紧接着，找到一个突破口打造为产品的起步功能，用以吸引并留住“天使用户”。很多产品经理都有这样的经验：产品在第一版上线前，就要努力想出这个产品以什么样的“优势”展现出来。没错，产品从 0 到 1 的过程，并不是先搭建一个无差异化的产品，再去打磨优化，而是找到差异化（即突破口），让第一批用户就爱上这个产品，再考虑后续扩展业务。

培训当中讲师会做一个“小样”，作为公开课或者线上试听课，如果效果好再继续开发系列课程。很多美剧也是这个操作思路，所以会出现很多角色死了又复活的情况。

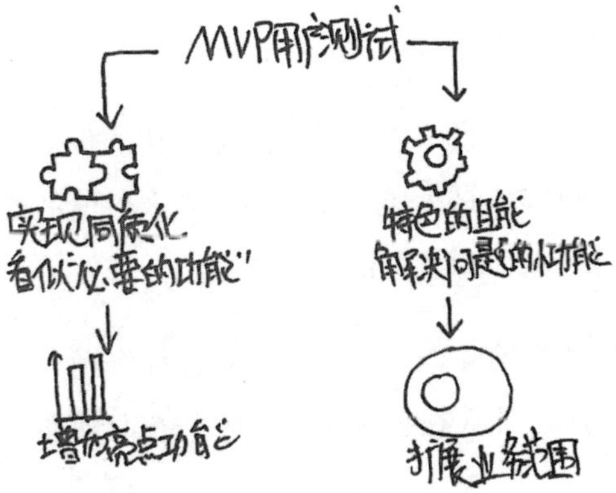


“差异化价值”代表产品满足了用户一直没有被满足的需求，这种“爽感”会让用户觉得产品特别有价值。而对于能满足用户需求的产品，即使产品总有瑕疵，也是很难被替代的。因为用户从一个产品的使用迁移到另一个产品上是有迁移成本的。在市场空间所剩不多的情况下，做同质化新品显然不明智。

当然，不是所有的生产者都把产品的价值看得那么重要。否则我们就看不到那些奇怪的现象。比如项目初期，产品质量还在一个很糟糕的水平，就把运营推广的重要度排在第一位；花时间和精力去诋毁竞争对手；抑或是一味地重复竞品走过的路。这些都不是为产品未来负责的态度。

做产品，就像养小孩。“父母之爱子，则为之计深远”，这句话在做产品上也是适用的。认真地打造产品价值，是让产品长久生存的根本。

重视产品价值，我们具体该怎么做呢？

首先，要让团队中的每一个人为产品价值负责。

企业会通过旗下的产品，将企业愿景及价值落地到与用户接触的每一个细节中，让用户从方方面面获得价值感，并汇聚成对企业的品牌认知。比如海底捞的愿景是“打造全球年轻人都喜爱，能够参与的餐桌社交文化”。从这句话中我们理解到，美食并不是核心价值，“不一样的用餐享受”才是。那么为了提升这种餐桌上的体验感，海底捞给每一个员工宿舍都配了宿管阿姨，以让员工都能有被服务的感觉，这样员工便能够对如何给他人提供舒适的服务更有直接的体验了。

重视“价值”的企业，会努力向员工灌输工作的价值感，鼓励每一个员工奋进。这样，工作不再仅仅是工作，而是实现个人价值的通道。个人价值与产品价值合二为一，这是老板和员工都喜闻乐见的。

团队里有了“价值”的共振，才能撬动起杠杆资源，让其他人愿意自发地去传播你的产品和品牌，让人在工作时不只因于获取利益，让企业或者个人得以走得更远。

重视产品价值，什么时候也不晚，即使是当企业面临倒闭的时候。一个著名的例子发生在1985年，那一年海尔冰箱总厂的厂长带头砸毁了76台有瑕疵的冰箱，这件事情震惊了全国。在当时，一台冰箱的价格相当于一名员工两年的工资。而海尔冰箱的年亏损额已达147万元，运营状况举步维艰，连工资都快发不下来了。员工们哭着砸掉了这些由自己亲手制造，价格不菲的冰箱，而三年以后，海尔捧回了中国冰箱行业的第一枚质量金奖，同时成功地存活了下来。

厂长张瑞敏说“有缺陷的产品就是废品”，因为用户没有感知到足够的价值，生产者才会遇上生存危机。

说到价值，我想起一个例子。美国有一家牙膏厂的业绩增速开始变慢，于是厂方悬赏 10 万美元让大家找出增加业绩的方法。最终一个员工的建议被采纳，把牙膏开口扩大 1 毫米。这个建议让这个厂家第二年的营业额得到了巨大的提升。

那么这算是价值提升吗？显然不完全是。事实上，这个厂在几年后破产了。因为只关注销量，不关注价值，最后多半会“死亡”。

价值这么重要，但建设产品价值需要耐心。

一个产品，最初能提供的价值总是有限的，它的增长是随着实际运作而逐步积累起来的。一旦有用户开始使用，就会发现各种各样的问题，在解决这些问题的过程中，产品价值才得到了提升。

因而我们说，做一款有价值的产品，那你只能耐着心，迭代、迭代、再迭代。这就跟我们常说自己是终身学习者一样，想要保持自身的价值，脚下的步伐是不能停下的。

## 1.4 好产品由多人做

书，本身就是一种产品。现在，我邀请正在阅读这本书的你思考一个问题：假如你是这本书的作者，且能够独立完成全书写作，但一个能够与你互补的人提出希望与你共同写作时，你的选择会是什么呢？

为这本书增加一位作者，正是我的选择。我相信任何一本从内容到装帧上都要讲究的书，都非一人之作。所以一个新作者的加入，才能把这些“讲究”落于实处。比如这本书的插入文字、插画及关于“沟通”的章节，都在陈老师加入后得以完成。

我依稀记得，我初次在饭桌上跟陈老师谈及这本书时的情景：当时他的神情非常专注，我知道他对这本书产生了兴趣。果然，他提出希望能与我一同写作。我为这个提议考虑了一个晚上，第二天坚定地告诉他：我们合作来试试吧！

事实上，至少有那么一刻，我是后悔的。要知道和一个有趣的灵魂去碰撞一些新奇的想法，无疑是让人愉悦的，但是写书真的不是一件太美好的事。

愿意为一件事付出多少辛苦，这是一种选择。有一句话叫作“砥砺前行”，每前进一步都是艰难的选择。它就像你路过的一片玫瑰花丛，在你走过的地方，遍地是鲜血与血色的玫瑰，含着疼痛，但满眼尽是美好。

那天晚上，我认真思考了“合作”对提升产品价值的三个最重要的意义。

意义一：合作带来分工专业化，提升产品的整体价值。

意义二：合作促进产品形体的多样化扩展。

意义三：合作让产品销往更远处。

“意义一”，通过分工，产品变得更加专业化；通过协作解决共同的问题，生产者的视角更加广阔。因此，合作能让产品变得更好。

在写这本书时，虽然我已经有充足的做产品的经验，但我自认为自己有三点不足。一是我并不是一个很会讲故事的人，这对于写书可不是一件好事；二是作为一个上班族，很多调研工作受到限制；三是我所能接触到的案例，多发生在国内互联网大公司，对于传统企业或一些中小企业的产品困扰，知之甚少。

而陈老师的出现，可以很好地弥补我的不足。他接触过大量的企业，积累了不少案例，他是一个自由的工作者，行动范围不限制在办公室内，他讲课风趣且极其有感染力。他的社会影响力相对广泛，可以在这本书上市后，把书推荐给更多的人。

所有这些都与我互补，因此我们干脆形成专业化的分工：我负责本书主体部分的写作，因为这些内容大多是关于产品的；陈老师为我提供部分案例，并从其他学科来评述这些内容。

全书由我们共同校对、修改，因为我们的知识结构不同，所以你会发现本书会时不时融入经济学、心理学等领域的知识，这使得“产品思维”更加立体。

做产品要有一颗单纯且赤诚的心，以便用来追求产品之“好”。这无关乎你个人能从中获得多少收益。加入或组织合作，依靠团队的力量，共同实现一个你想做的产品，是让所有时间投入变得更有价值的捷径。

“意义一”的另一个例子是：好莱坞电影剧本的制作流程。

为什么好莱坞的电影，经常是拍一个火一个，而国内的好电影在数量上却远远落后。影视界里有一种说法是“有了好的剧本就成功了一半”。在国内，无论是剧本的撰写，还是电影的拍摄，都很依赖于个人的发挥。这就会出现一种现象：即使是同一个导演，也可能有的片子获得较高的评价，而有的片子评价很低。

好莱坞的剧本制作，常常是合作分工的结果，且在合作流程上非常考究。一个剧本团队首先由特长不同的几个剧本作家组合而成（比如张三在描写情感时非常细腻，李四深谙历史脉络，而王五是畅销书作家，对读者的兴趣把控很准）。

第一周，他们坐在一起，对着一个特别有趣的故事梗概开始发散，这个过程叫“建造故事”。发散甚欢，故事开始有了雏形，各自领了自己擅长的模块，回家撰写初稿。

第二周，大家将梳理出来的初稿，合并为一个完整的故事。然后再次坐下来，什么也不干，就为这个故事找茬。这个过程叫“推翻”，然后在推翻的讨论中，大家有了更多的新思路，于是来到了第三周。

第三周，重建。每个人将推翻后再次重建的内容再拿出来讨论。

经过这样的推翻再重建的专业化协作流程，好莱坞的电影首先在故事情节上，就不会太差。

好莱坞的电影是工业化的，它把非常感性的艺术变成了工业标准品，保证了高质、高量、高效。

“意义二”和“意义三”，合作能为产品带来更多的产品形态、拥有更多的产量、销售到更多的地方，从而进入到更多人的用户选择圈中。

遇到陈老师前，我还没有想过要将这本书的内容做成系列课程，因为我一直觉得自己并不擅长讲课。但陈老师擅长此道，可以帮助我一同制作。我们的合作，让知识的传播形态更加丰富，让不喜欢看书，却希望学习产品思维的人，能够通过语音或视频来学习。

合作对提升产品销量的积极作用毋庸置疑。以可口可乐为例，一罐可口可乐从美国的浓缩液厂出发，到灌装厂，最后到达全世界分销厂，是任何单一的厂商，甚至国家都无法独立完成的。因为有了这样大规模的协作，几乎世界各地的人（除了少数国家），都能便利地喝到可口可乐。

可口可乐的成功不完全在于配方，关键是强大的品牌和遍布全球的渠道商。虽然前期投入巨大，但是后期收益非常可观。做产品就需要有长期规划和付出。

心理学中有一个概念叫作延时满足，有研究者认为这是人成功最重要的素质。

合作的意义之重大，我们可以从市场上找到佐证，那就是：合作是商业化的行为。

既然合作能带来更多的价值，生产者就可以从中盈利。以 IM 云服务为例，通过向 App 生产者提供 IM 底层能力，大大降低了一款 App 在社交聊天功能上的成本，从而提高了收益。而与此同时，用户对社交聊天功能的使用率越高，IM 云服务的收益也越高。

现代商业社会合作几乎是必然的趋势，甚至有的书是十几个人合作完成的。但是合作的意义应该是把蛋糕做大，而不是既有利益的分享，否则合作便没有维持下去的意义。这就是现代商业思维下的双赢或者说多赢的思维。

在这个链条下，App 与 IM 云服务既是用户与生产者，也是合作者，不仅互利互惠，还能为更多的 App 用户带来价值。IM 云服务让更多教育 App，在极短时间内就实现了稳定的在线直播授课功能。让医疗 App 实现了医生线上诊疗服务，大大节省了医患双方的时间，也让医生有更多的收益。这些价值，既是 App 所创造的，也是 IM 云服务贡献的一份功劳。

以提升效率为价值点的面向企业的服务已成型，且趋势明显。阿里巴巴、百度、腾讯、京东、网易等互联网巨头开始重视 SaaS 及 PaaS 市场，Salesforce 在 10 年里市值翻了 20 倍、阿里云估值超过 1000 亿美元，而全球的云计算市场规模从 2010 年至今，始终保持着每年 15%～30%的增长率，企业从合作中获得的收益不可小觑。

赫拉利在《未来简史》中写道：“所有的大规模人类合作，到头来都是基于我们想象的秩序。”而对于生产者来说，这个促使我们合作的故事便是产品得以实现的价值，我们也因此而取得收益。

合作是为了更多的猎物，否则叫施舍。

除了产品与产品之间的合作，对于我们个人来说，“合作”也是日常行为。

但令人困扰的是，合作者或团队成员，很可能关注个体收益高于产品价值。尤其在项目前期，产品还不一定能做成功，就先为利益分配而“打架”，再为谁才是老大“打架”。就算争执有了结果，也一定有人难以全心全意地投入到为产品创造价值上了。

利益分配是一个世界级难题，关于这一点，想深入了解的读者可以学习一下关于股权类的知识。

清末时，有这样一件事：有一次，慈禧召集紧急会议要和大臣们商议中法战争的军情，但恭亲王却不紧不慢地在会议上大谈十月份为慈禧祝寿的事，谈了足足有一小时，下面的大臣腿都跪得起不来了。会后，恭亲王的一个同事翁同龢便把这事记录在日记里，“天皇贵重，亲藩重臣，识量如此”“极琐碎而不得体”。意思就是说，你地位这么高，怎么就这么点儿见识，只关注那么细小的事，真是一点都不合身份。

其实翁同龢这里说的“识量如此”，本质上是恭亲王以个人利益为重的结果。这位刚刚上任的恭亲王好不容易登上了当日的高位，他明白，这得仰仗他眼前那个高高在上的女人——慈禧。为了巩固自己的位置，他不顾一切，也要讨好这个女人，这才是他世界里的大事。

恭亲王没有想清楚的一点是，如果国家亡了，即便是做了一个亡国的皇帝，也没什么大不了的。名位只有依附在一个成功的集体身上，才是有价值的。

当你身处一个高速发展的团队时，你的发展和个人利益才能得到最大的满足。

企业裁员是常见的现象。那些被裁撤的项目组，曾经都不乏企业主管及牛气哄哄的核心成员。但在项目宣布解散的那一天，这一切的荣耀都无法再通过这个项目为自己换来更多收益。所有人开始投身在找工作的大军中，他们的未来可能会面临重新洗牌。

完美的团队合作精神在于，所有人都只专注在产品的成功上，而非个人的利益上。但实现起来是很难的，因为“关注个人利益”，正是人性所在。

利益是把人组织起来共同干一件事情的纽带，一个团队只要在三个人以上，就会有“政治”，而有“政治”就一定会有利益纠葛。这是再自然不过的事情，非要强调“要纯粹，不要政治”，是不会有结果的，因为谁都不是圣人。

那么为了把追求“个人利益”的动力带动到追求产品成功上来，就需要尽量将个人利益与团队利益挂钩，将“产品成功”与“个人成功”通过团队目标管理（如 OKR，Objectives and Key Results，即目标与关键成果法）的方式进行紧密的关联。

团队也要懂得分享利益给个人，好的团队是能让每一个成员都有一种占了便宜的感觉。也就是说，当自己的感觉是自己得到的比付出的多时，那么，就更愿意多付出点儿，如此形成一个良性的循环。

如果团队的发展能让个人获得更多的利益，而这种利益又能刺激员工更加努力地工作，进而使团队获得更好的发展，那么这就是一个正反馈系统，团队和个人就可以完成自我进化。

个人在短期内所图的利益未必是钱。部分追求成长的员工，只要觉得自己在这里可以学到的东西“还没到头”，就更容易接受相对偏低的工资而努力下去。企业只要能够快速发展，无论员工所图的是钱，还是成长，都更容易在这个过程中得到持续的满足。

对个人利益追求的动力，通过团队目标管理，作用于产品成功。而产品在快速发展的过程中，不断满足着团队成员日益增长的发展需求。无论是企业集团，还是小型项目合伙人，稳固的合作关系往往都依赖整体收益的上升。

人生是长跑，核心是看全程的速度，起跑的时候领先，并不意味着第一个到达终点。

## 【行动指南】

如果开一间咖啡馆，你会选择在什么样的地方开店？

**相关知识点：**

用户选择圈

**思维指南：**

【做对比】和开在不同地点的咖啡馆比较，你的优势是什么。

【抓重点】找到能满足受众的核心诉求。

**开始行动：**

你可以试着写出你的方案，并注明理由，然后和朋友探讨一下这种方案是否可行。当然，如果你能有时间和精力做一个实地调研，那么这个练习将更有意义。

第 2 章

# 理解思维

## 2.1 思维是不会过时的，过时的只有认知

一个皮肤黝黑、肌肉紧实的青年，高高跃起，猛地将球踢向球洞，一击即中。

这不是文明时代的世界杯总决赛，而是在 16 世纪前后，玛雅人求雨前的一场“足球赛”。在这场激烈、有趣的“足球赛”过后，这位获得比赛胜利的青年，便要被“挖心祭雨”。获得了这样的殊荣，青年万分欣喜，这可是他奋力拼抢来的啊。

玛雅人这次要祭的是雨神，传说玛雅人求雨的成功率是100%，方法就是：当遇到旱情时，就开始在金字塔上摆祈雨神台，每日杀一人祭祀，直到下雨为止。

这种杀人求雨的做法现在看来实在荒谬，但就在远古的农耕时代，人们开始了一个共同的想象：这个世界但凡人类控制不了的，都得求助于神灵。死于祭祀，这是再正常不过的事情了。

可如果今日还有人因为干旱祈求神灵，那我们一定觉得他疯了。如今人类已经有了"人工降雨"的能力，不再需要求助神灵。从生死问题，到对大自然的控制，人们依赖的不再是神灵，而是科学。当大多数的难题都可以依靠科学来解决时，科学便成了新的信仰。在从农耕时代到当代的这几千年里，人类对同一问题的解决方式发生了巨大的变化，而这些变化，是否就能说明人类的思维在持续的更新呢？

事实是，没有任何思维会真正过时，哪怕是遥远的玛雅人在求雨中用到的思维。在玛雅人的认知中，是否下雨取决于神灵，而人唯一能做的，就是"祈求"，我们知道祈求不仅要内心诚挚，最重要的，是要把这种"诚"表现出来，于是便有了仪式。献祭者浑身被涂成蓝色，躺在祭坛上，被挖心、割头，然后让其身躯从金字塔的高台阶处一路滚下。祭师将献祭者心脏上的鲜血涂在雨神像上，十分诚挚。

我们因此得出这样一种思维：求人时，要用仪式来表现出诚意，这样会提高成功率。而这种思维在当下的应用，是屡见不鲜的。

还记得毕业那年，同学们穿着西装、高跟鞋、擦涂着口红，装扮成平时都不曾有过的样子，穿梭在各种如菜市场般的"招聘专场"。这就是在使用仪式感来表现出自己的真诚。类似的例子，恐怕数不胜数，所以说，思维真的在改变吗？

每个人都有掌控欲望，希望事物的发展在控制之中，一旦超出控制就会焦虑。而缓解这种焦虑就会表现出自己认为有用的行为（可能没用）。比如堵车的时候不停地刷新导航软件，就会得到自我安慰，从而减少焦虑。

仔细想一想，一直在变化的其实是人们的认知，而非思维。我们理解“思维”，是把它当作解决问题的工具，即“人用头脑进行逻辑推导的属性、能力和过程”。而正确地解决一个问题的先决条件是正确的认知。科学、礼教、文化、经济制度等都是我们的认知，都会发生变化。古往今来，人们不断踩着先人的肩膀，要么迭代着自我对世界万物的认知，要么将过去或现在的经验进行总结。由于过往的环境已经不在，许多经验被埋进了“坟墓”，而这其中，也不乏曾被广泛流传过，有众多人效仿的宝贵经验。幸运的是，我们得以从经验和历史中，剥离出思维方式，并将其精华之处保留并传承了下去。

宋朝时，有个叫张玘的官吏为抵挡农民起义军，照葫芦画瓢摆了一出“空城计”，结果丢了脑袋。这种简单的效仿，就是对经验或历史的生搬硬套，而没有学到其中的思维。换句话说，空城计本身是“演义杜撰”（也有说是源于赵云），只是通过道听途说就将身家性命压在上面，实在不明智。无论如何，只知其然而不知其所以然是非常危险的。

所有的以少胜多都是局部的以多胜少。战争多用阳谋，而阴谋很少奏效。

空城计之所以能成功，是因为诸葛亮对司马懿有较深的了解，知道他谨慎且有所顾忌。世人皆说，空城计是一大奇计，可它最根本的思维，只不过是：知己知彼，方能百战不殆。

“知己知彼”的思维方式，一次又一次地助力了人们获得成功。今天，作为一名产品经理，置身于商业战争中，也要坚持知己知彼的思维。

古人的见识可能不如现代人，但是思维能力并不比现代人差。东西方文化先哲提出的思想，对现代人仍然有很强的借鉴意义。

不得不说，但凡想要从经验中学习点儿什么，不去研究其背后的思维逻辑，学再多也是枉然的。

## 2.2 关于“某某思维”

思维是我们每一个人的武器，你是武装到牙齿的未来战士，还是拿着木棒的原始人，从你说的话、做的事情中，旁人便能得知一二。人的大脑就像一台电脑，当遇到问题时，认知即输入（input），经过思维框架的运算（working），便得到答案（output）。

人能解决什么样的问题，我们就说他拥有着怎样的能力。其本质就是看这个人对事物的认知是否清晰，判断是否准确，思维框架是否强大。一个负责产品整体规划的产品主策，就需要拥有系统思维框架，以便能更加完整地规划产品。一名老师就应该在表达上很有逻辑章法，能够将一个复杂的问题，通过拆解，非常清晰地展现给学生。

请注意我在本节中一直在说“思维框架”，而不是“思维”。“框架”是一个常常被省略掉的词，其实思维就是一种框架。框架中既提供了方案，也限定了方案。比如 SWOT 分析法，它要求我们在一个象限图或九宫格里，写出一个产品的优势、劣势、机会、威胁等。我们从这个框架里获得了 8 个方面的信息，且只有 8 个，但我们仍然觉得十分受用。因为在以往的经验里，我们可能只考虑到了 2、3 个方面的信息。

我觉得思维框架或思维工具最大的好处就是省力。我们很难把一件事情的方方面面都考虑周全，因为这是极其困难的，但是框架能让我们从全局思考，一一梳理问题。并且，站在前人的肩膀上，就避免了重新造轮子的问题。

思维框架的意义并不是限制我们的思考，而是作为工具，大大提升我们的思考效率，既节省时间，又不容易有所遗漏。在面对一个问题时，大多数人并不是苦于思路太多，而是不知道该从哪些角度去想问题，想的问题是否全面。在缺乏经验的情况下，这些“不知”尤其让人焦虑。但如果真能为此而焦虑，说明你还是一个高手，或者有成为高手的潜质。为了治愈自己的焦虑，你往往要找到一个帮助你处理问题的思维框架，而在这个过程中，你大脑中的处理系统就得到了升级。

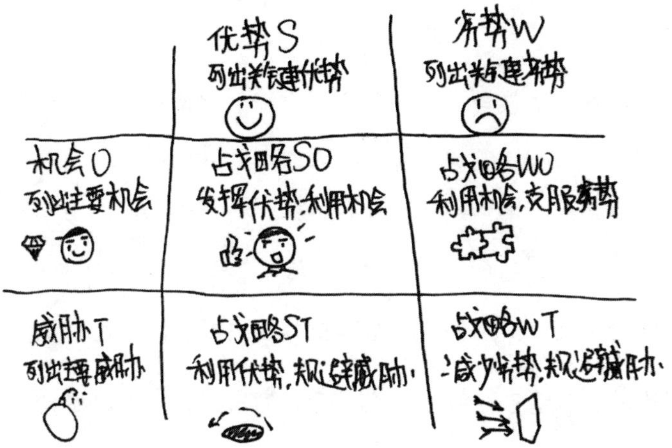


可惜的是，很多人连这样的焦虑也没有，连自己有思维上的缺陷都不知道，单凭一腔热血做事，结果不免由于思虑不全，碰了很多壁，浪费了很多的时间。

学习前人总结过并经过大量实践检验的框架工具，毫无疑问能提升解决问题的效率。因为你所遇见的问题，绝大多数都是有人曾经遇见过的，随着时间和数量的积累，人们总结出了一个又一个相对通用的思维模式。直接利用这些成熟的工具，会让你快速成为一个高手，用更短的时间，承担更低的风险，更好地给出一个问题的答案。

因而，当面对每一件等待我们处理的事情时，我们首先要做的就是学习，然后才是以验证学习结果为目的的实践，而思维框架往往是学习的必要内容。很多去学习管理的企业家其实都已经很成功了，但他们仍然选择持续学习。他们时间宝贵，责任重大，更看重对思维框架的学习。

思维经过传播，会让更多人强大起来。即便处理时间管理、购买抉择等再平常不过的小事情，我们也愿意学习使用专业领域的思维，比如经济学思维、数学思维、结构化思维、计算机思维等。“杀鸡亦需宰牛刀”的原因在于，我们其实很少知道如何以最优方案处理小事情。

思维工具就像武功招式，平时要多加使用和练习，否则真到使用的时候往往想不起来。

市面上充斥着大量包含“某某思维”字样的书籍和课程，可究竟该怎样理解“某某思维”呢？为什么在“思维”的前面，既可以是一门学科，又可以是一个副词，也可能是一类物品（如计算机）呢？其实我们大体上可以将“某某思维”进行这样的三种分类。

（1）方法论思维：如结构化思维、批判性思维、发散性思维。

这类思维具有普适性，没有什么行业、领域限制，可以概括为“思考问题的逻辑”。

以批判性思维为例，其思考方式为先明确论题、结论、证据各是什么，批判的原则是审视其证据是否具有真实性、可靠性，证据的数量、质量如何。其用途也非常广泛，既可以用于对决策的审视，也可以用于阅读时对信息正确性的警惕等。现在很多学校已经开始重视从小培养孩子的批判性思维。想想看，你平时会使用批判性思维做哪些事情呢？

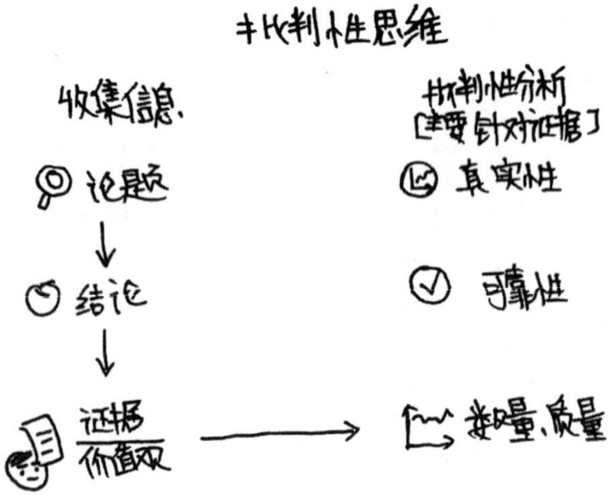

（2）模拟思维：当我们说起这类思维时，我们可以用这样的语句代替“像××一样思考”，如计算机思维、企业家思维，指的就是“像计算机一样思考”“像企业家一样思考”。

“当你想更好地解决一个问题时，你最好向经常遇见这个问题的人请教一下。”

基于这样的理念，便有了“像××一样思考”的思维。以计算机思维为例，因为计算机每天都要面对大量的数据，所以在信息的批量处理上非常专业。如果你只有10本书，你可能随便放在哪里，都能很方便、快速地找到。但当你有10 000本书的时候，想找到其中一本，该怎么办呢？借用操作计算机的经验，就应该对每本书建立编号、索引，并搭建搜索系统。

同理，当你在犹豫该去哪家公司效力时，可以向企业家学学如何做决策。总之，借鉴专业人士的专业思维，去解决你遇到的问题，从而获得更好的结果，就是模拟思维的本质。

（3）抽象思维：将问题用某种专业知识去理解及解决，如数学思维、产品思维、互联网思维等。

生活中的很多问题都可以使用多个角度、多种专业知识去解决。比如“如何选择伴侣”这个问题，有些人就用产品思维分析，从明确自己的目标、战略、优劣势，到对用户（伴侣）的选择等，像做一个产品一样，通过不断迭代自己，以获得用户的满意和留存，从而达成找到伴侣的目标。而如果使用数学思维，则假定当遇见了多个不错的选择对象，不知该去追求谁时，可以对每个女孩的方方面面进行打分，再使用指定的计算公式进行计算。因为得出了数据化的建议，基于该建议的选择结果，常常被视为是理性的和客观的。

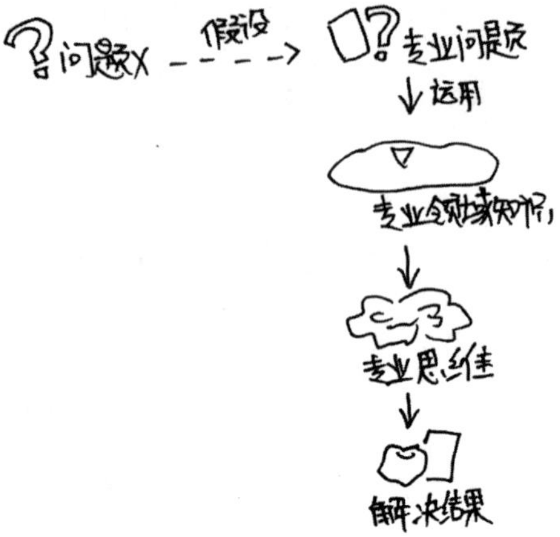


以上的（2）（3）两点，有时是相通的。比如当我们说“经济学思维”时，就可能是“把问题用经济学的思维方式去解决”，或者是“像经济学家一样思考”。但如果我们说“互联网思维”时，我们说的就只是“应用互联网知识、特性去思考问题”，它的核心思想是体验化、开放式及自主化三方面（此处不展开分析）。

对于产品思维，它与上述“某某思维”都有相互交叉、包含的关系。有时产品经理就是借鉴了这些经典的思维，来解决产品研发中的问题。但同时产品思维又有它的独特性，其目的明确，就是帮助产品在市场竞争中获得成功。因而研究产品思维的人，无论在研究目标上，还是在研究内容上，都与其他思维有所不同。

任何思维框架，都会因为其鲜明的使用目的而具有独特性，在其领域内都是不可或缺的。

## 2.3 为什么每个岗位都需要产品思维

在项目组里，任何岗位的工作价值都体现在推动产品整体的成长和解决产品生存的问题上。那些看似不直接参与产品设计及研发的岗位，比如销售、技术支持等也在其中。越是在前线的岗位，就越容易了解用户，只有这些岗位的人拥有产品思维，有意识地深入理解用户的需求，整个团队才不会盲人摸象。

有一次，某 B 端产品的技术支持经理对我说道：“我用了好长一段时间，才让我们所有的技术支持人员都拥有主动服务的意识。”我特别好奇，“主动服务的意识是什么样的表现？”技术支持经理自豪地告诉我：“我们的技术支持人员，不仅可以主动想办法解决用户的问题，还可以深度挖掘用户的需求，而不是像一个传话筒一样，只把问题告诉产品和技术团队。他们能向产品经理传达用户的需求，还能说明为什么用户会提出这样的需求。”

“那可要深入地调研很多问题。”我有点儿不相信地说。

“是的，他们会追问下去。”技术支持经理非常坚定地说。

我不禁要给这位技术支持经理“点赞”，她真正挖掘出了技术支持团队的价值。虽然说一个产品经理需要关注每个环节的成功，但产品经理毕竟没有三头六臂。想要做成功一个产品，就得依靠整个团队都有产品思维，有对用户需求的敏感度，能看到需求的本质，还能系统性地思考。

真正高效的团队，不在于沟通时使用了多么强大的工具，而在于团队成员都拥有相差不大的思维水平。在重要的问题上，每个成员也可以从自己的专业角度，提供适合产品发展的解决方案，而不是总在提看似专业却明显运转不起来的方案。也只有这样，团队才像一股拧起来的绳子，这正是每个岗位上的人都需要有产品思维的意义。

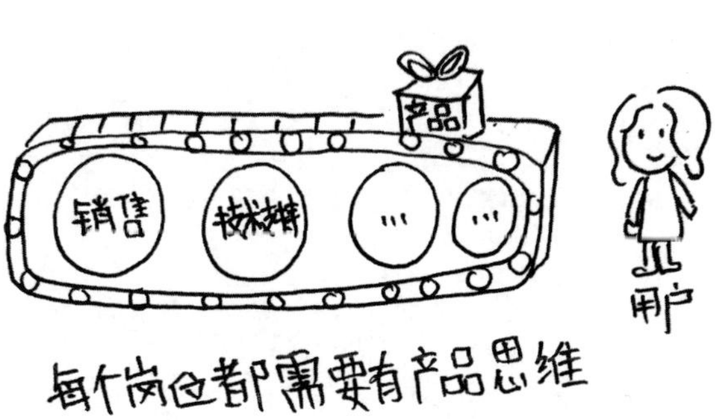

## 【行动指南】

作为职场新人，从 0 开始学习业务，想要系统性学习，但却只能从很细碎的工作做起，你该怎样让自己快速地成长起来？

相关知识点：

重视思维框架的学习

**思维指南：**

【整体考虑】你需要尽早了解这个职位的全貌。比如列出当前岗位所有可能的工作内容清单。

【先学后做】在做任何事之前，都要先学习。比如你可以为上述清单找到足够多的工作方法论资料。

**开始行动：**

你可以试着写出你最近的职业目标以及该目标所需要的能力框架。在列出的框架里，在自己还没达到的能力中，圈出最有可能达到及近期最有用的能力。然后立即行动，着重找到做好这些事的思维框架，反复实践。比如你这个岗位需要 5 种能力，而你现在只有 3 种，那么另外 2 种就是你需要刻意练习的。

# 第3章

# 产品思维概述

## 3.1 产品思维与生存问题

对于一名非产品经理来说，你可以把产品思维理解为：像专业的产品经理一样（在标准化的产品研发流程中，利用一定的思维框架），创造自己的产品。

而对于产品经理来说，产品思维是产品研发过程中的思维工具的集合，是处理工作中事务或问题的方法论（可能涉及用户体验、优先级判断、竞品分析、市场分析等）。经过长期实践，这些方法论最后会形成你的思维习惯。

产品思维可以让我们每一个人在面对问题时都更有章法：生产一个可以运作起来的“东西”、分析一个人究竟想要什么、搞懂一件事物的运转逻辑、做一个发展规划等。

从根本上来讲，当一个产品成为商品时，就开始在残酷的市场上竞争了。

即使再强大的产品，死亡也永远如影随形。可以说，产品思维本质上是在专注解决生存的问题。

让我们一起在大脑里给自己构建这样一个“大麻烦”：如若被遗弃在了一个孤岛上，我该怎么生存下去？

孤岛上没有任何人类生活用品，没有科技，什么都没有。如果不想跟猴子一样过着原始的生活，而想生活得更好一些的话，总要创造一点什么出来。

这个假设足够极端，足以让我们认识到资源稀缺的困难。而在资源稀缺的情况下创造产品，解决人们在各种场景下的需求，与我们在项目组里研发产品并没有本质的区别。

我突然觉得《荒野求生》中的贝尔·格里尔斯（贝爷）才是最厉害的产品经理。

贝爷用骨头、铁链和绳子制作过一个“回收绳子用的机关”。当然，为了生存，贝爷做的产品可是不少呢！

2018 年，由黄渤主演的电影《一出好戏》就描述了这样的情景。故事中的主角马进是一个负债累累，文化不高，混迹在公司底层的小喽啰，心里却爱慕着公司里最漂亮的女孩姗姗。一天，公司出海搞团建活动，遇上一个巨大的海浪，整船上的人漂到了一个孤岛上。岛上有半个轮船残骸，残骸中有一些已经损坏的发电设备、生活用品以及食物。较有经济头脑的公司老总（张总）带着一众人等占据了船舱的资源，并用扑克牌建立了货币体系。这样，孤岛上便有了商业。

资源紧缺，鱼是赖以生存的食物。马进却用他意外获得的、大量的鱼换取了落难同事们眼中的垃圾：手机。因为在他看来，这些是“稀缺资源”。果然，在他们修好了船上的发电设备后，这些“垃圾”就变成了宝贝。

手机里储存着岛上每个人的亲人的照片、视频。这时马进制造了一个产品，这个产品是“10 分钟的时间”。大家排队查看自己手机里的照片或视频，每个人只能看 10 分钟，每看一次要支付一张扑克牌。这个产品在孤岛上非常火爆，马进很快就成了岛上最有钱、最有地位的人。

这个“10 分钟的时间”产品展示了马进的产品思维，他能精准地定位出用户的痛点，并能收集岛上仅有的资源，打造成产品。倘若将马进的思考过程放进一个产品经理的分析框架里，你会发现这些聪明的创意其实都有迹可循，只是需要一些导火线和运气。

| 目标明确 | 占据岛上尽可能多的资源 |
|---|---|
| 市场环境分析 | 岛上已有的资源，很多都废弃掉了，比如发电设备、手机；很多资源不可再生；与其占据资源，不如创造资源，或把垃圾变成资源 |
| 自我分析 | 明确资源：大量的鱼<br>明确能力：修理船上发电设备 |
| 用户分析 | 了解特征：离家多日，生活苦，都觉得可能再也回不去了得出痛点：想念家人 |
| 研发产品 | 以“每次 10 分钟观看手机内照片、视频”为产品，利用资源回收人们眼中的垃圾：手机；修理发电设备 |

“孤岛生存”的案例削去了大量复杂的商业背景，让我们更清晰地明白，究竟什么能算作产品，而产品又是如何被制造出来的。这个例子更重要的是告诉大家，我们在很多情况下都可以使用产品思维，它让我们在需要的时候可以创造不一样的机会。

当我们从孤岛回到经济繁荣的大陆时，资源就变得丰足，可我们还是会遇到生存的问题。我们面对的是市场的激烈竞争。所有的产品都会遇到生存问题，有时导致生存危机的，可能仅仅是产品上的一个细节。

这个时代无数的例子都在告诉我们，无论我们发展得多好都不能忽视风险。“一劳永逸”和“高枕无忧”似乎离我们越来越远了。

生存下去是一个复杂而不可确定的问题，但这却不妨碍我们通过思维升级，让自己做出更加自信的行动。只有当我们想明白，并能通过实践生存下来时，我们才能成为强者。

## 3.2 产品思维与哲学三问

工作多年的产品经理，会有一个共鸣：产品做到最后，始终在回答著名的哲学三问：我从哪里来，我是谁，要到哪里去？

比如很多产品经理经历过下面的场景，当这些场景发生时，就是在问“产品从哪里来”。

（1）一个产品经理中途接管了一个产品，在对产品了解一番后，发现有些功能基本没什么用户使用，但又怕撤掉后会让一些重要的场景任务无法进行。这时就要揪着人问：“当时为什么会考虑做这个功能？”

不知道是不是我的错觉，我用过的多数 App 和电子设备，都有一大堆我不知道干什么的功能。

这些基本不会用到的功能有特定的用户和作用：专家用户、特定人群、特定场景下使用、伪需求功能。

（2）有人向产品经理提了一个增加功能的建议，产品经理会反过来问："你能跟我讲讲你遇到的实际问题吗？"

（3）一个产品经理说："很多竞品都做了这个功能，所以我们也得有。"然后可能就有人会问："竞品做这个功能要解决的问题，我们自己产品的用户群体真的会在意吗？"

有人提需求是希望"人无我有，人有我优"，这恐怕只是一个美好的愿望吧？

多数团队是做不到的，因为这对资源的要求很高。

当这些场景发生时，就是在问"产品要做成什么样"，即"我是谁"。

（1）一名产品经理接到了很多关于产品的需求信息，并打算"排期"实现，其上级问道："你真的都考虑支持吗？所有的需求都符合我们的产品定位吗？"一个需求来了，是满足，还是不满足，这是一个问题。

让所有人都满意，最后就没人满意。如果需求太多和没有需求是一样的。

（2）一名交互设计师在需求确认会上问："这个新功能的使用场景有哪些？"这时，交互设计师往往在思考，该如何根据指定的用户群体特征，结合场景因素进行具有针对性的设计。

（3）一名视觉设计师画了一稿，但产品经理感觉并不满意，提出：要再简洁一点，再大气一点。视觉设计师白了一眼，问："大气？能举一个例子吗？你认为的大气，是什么样的呢？"设计师往往需要明确品牌定位和用户定位，以做出真正能让用户"有感觉"的设计来。你可以给设计师传达的信息是"我们的产品面向某类用户，走的是中高端市场路线，目前竞品有这些（潜台词是不能比别人设计得差），建议采用简约风格"。

当这些场景发生时，就是在问“要到哪里去”。

（1）一个开发人员问产品经理：“下一版本开发哪些功能？”或者说，“能否说一说在接下来半年或一年里，可能会做哪些功能？我们好做一下预研（预备研究）。”

（2）一个创业者在争取融资时，或者一个业务经理在争取公司的内部创业投资时，他需要说明：要如何做，并且为何有把握做成功。

（3）一个行业专家预测哪些科技产品将会处在风口上，如区块链、3D 打印技术等。

我们可以把这些与产品研发相关的场景，总结成三个过程。

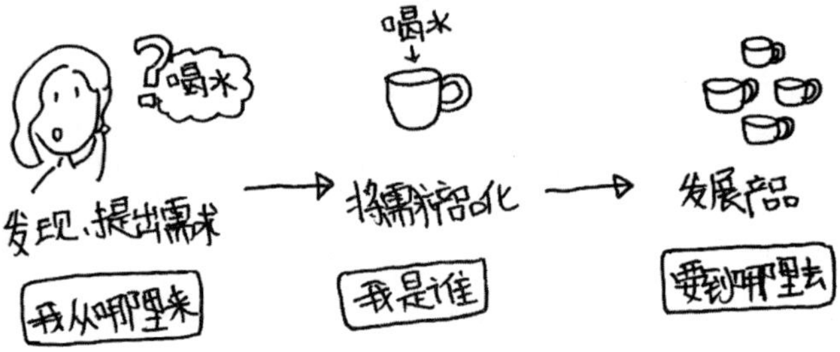


下面我们来分别讲一讲这三个过程都与哪些要素相关。而在后续的章节里，我们还会更加详细地说明这些要素。

### 1. 发现、提出需求

（1）源头 1：从“竞品”处发现需求

我们在竞品上能够收获的几个重要信息包括“及格线”“用户需求”“竞品劣势”。

及格线，就是指同类产品最起码能满足市场的功能及质量水平。越成熟的产品或行业，及格线越高，成本也就越高。比如，当几乎所有社交类产品在聊天功能上都支持发照片、视频等互动功能时，那就代表着新创造的社交产品，必须在第一版上就支持多种互动功能，否则就是不及格的。

通过竞品了解用户需求，指的是通过竞品支持的细节功能和从各种资料、客服沟通收集到的信息，反推出用户都可能产生哪些需求。了解这些信息有助于产品经理的整体规划。

通过竞品劣势收集需求，指的是通过竞品用户在社区或接受访谈时，谈及对竞品不满的地方，判断竞品的短板，而这恰好可能是新产品的机会。

（2）源头 2：从“数据”中发现需求

从上涨的数据中，看出用户的偏好或习惯，有助于产品经理向团队说明“为什么我们要做这个功能”。

从下降的数据中，我们可以发现产品中出现的问题，并进行及时调整。

根据数据的上涨和下降，我们推出了基于理性思考的产品方案，并再次从数据中查看执行结果。执行结果肯定或否定了我们的方案，我们依此再做出新的调整，如此往复。

我们掌握的数据越丰富、越细致，越能对用户的潜在需求和产品问题有敏锐的察觉。

（3）源头 3：以好的“用户体验”为目的，提出专业化需求

来自苹果公司的启示：硬件是为软件服务的，软件是为用户体验服务的，而用户体验是为情感服务的。为了产生大量的购买力，最直接的办法就是让用户爱上产品。因此产品经理或设计师会以用户体验为目标，从情感化设计、易用性、美观性等角度，进行专业化衡量并主动提出需求。

公园的草坪铺设和道路设计一直是一个问题。迪士尼的一家主题公园采用的办法是在所有的大路上都种上草坪，并让人们自由行走。一段时间后被踩得比较多的地方就修成路，这也是最方便和最人性化的道路。

（4）源头 4：从“用户痛点”发现需求

人们很容易陷入这样的循环困境：好不容易解决了一个问题，但却因此产生了新的问题。除了继续解决新产生的问题外，我们还可以采用其他的办法，那就是认清用户的真正痛点，并审视解决问题的方案。

比如，一个同事问我，创建新的文章，支持保存为草稿。那么，编辑旧的文章，需不需要支持保存为草稿呢？我说你考虑下“草稿”究竟解决的是什么痛点，这个痛点是不是必须要解决的，而不要单纯地考虑要不要加这个功能。

后来该同事也跟我分享了他的思考：草稿解决的痛点是文章写一半要先暂停，之后再继续写；这个需求不需要区分是新文章，还是旧文章；这个需求必须解决，否则平台上就很难有高质量的长文出现。

一个设计复杂的企业产品，往往要付出更多的解释成本。比如通过增加客服人员数量，可以基本解决服务问题，但由此带来的成本增加就成了新的问题。其实这个问题的真正痛点不在于解释成本高，而在于产品设计得过于复杂。

通过推敲用户的真正痛点，产品经理往往也会找到用户真正的需求。

发现和提出需求是产品经理的重要工作之一，而对于创业者来说，在发现需求的过程中，也一定会发现商业机会。

### 2. 将需求产品化

（1）要素 1：“产品原则”是什么

产品原则是团队对于产品研发价值观的体现，它可以指导产品团队进行决策和取舍，是整个产品线的战略指南。而在提出产品原则的同时，也要为这些原则的重要性进行排序。

比如一款企业级的产品，稳定性可能被视为产品第一原则，功能全面性为第二原则。倘若发现因为增加某一个功能而可能影响到稳定性，正确的做法就是暂不支持该功能，以确保产品的稳定性。因为一旦稳定性的口碑变差，可能就会丢失大量的潜在用户，是得不偿失的。

（2）要素 2：“定位”

定位包括品牌定位、用户定位、产品定位，其回答的问题是：产品面向哪个用户群体，解决用户的什么问题，产品给用户的印象是怎样的。在定位确定后，产品的方方面面都应该与定位相符，且每个工作人员，都应该对定位了如指掌，这样在团队协作中，大家就能更容易找到共鸣：怎样设计才是对的。

（3）要素 3：“优势与资源”

资源包含一个广泛的概念，比如技术实力、人才储备、资金、人脉资源，这些都是资源。我们说的“优势”，往往指代资源上的优势。比如网络上的一个帖子及回复：如果孙悟空、阎罗王、生死簿、吴承恩卖同样的服务（把名字从生死簿上划掉），因为所拥有的资源不同，他们就会形成递进式的成本优势。

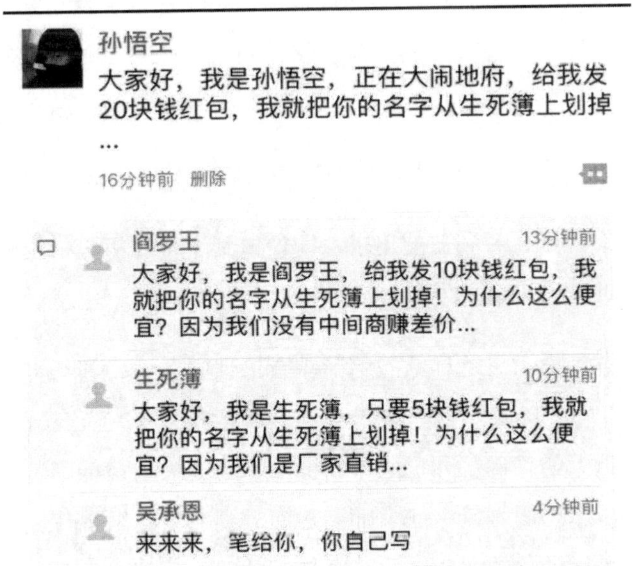


再比如网易的一款云 IM 产品——“网易云信”，因为其研发团队在 IM 技术上有 10 年的积累，就能以此为宣传点，获得用户的信任。可以说，这是通过

积累时间资源而形成的优势。

反观我们自身，如果不清楚自身的优势，大可放弃思考“我有什么优势”，转念想想“我有什么资源”，或许就找到答案了。

### 3. 发展产品

（1）思路 1：基于“人性、历史及社会规律”发展产品

将一个个需求点连成线、面、体，并以此明确要做的事。比如在社交领域，我们看到人们的社交方式从书信到电子邮件，到即时聊天，再到视频聊天，这条发展线告诉我们，社交类产品的发展方向无限趋近面对面聊天。倘若看清了这样的规律，我们便可大胆地去研制创新产品。

（2）思路 2：基于“技术创新”发展产品

理解当下及未来可能兴起的技术，并分析该技术是否能用在指定产品的领域，也是可以发展产品的。新技术经常会受到追捧，大多数互联网公司都会快速跟进和学习，然后制造噱头。但也有少量的产品，真正用得恰到好处，利用新技术大大提升了产品的价值。

（3）思路 3：基于“对扩大利益的持续追求”发展产品

企业永远不会停止对利益的追求，即便做到了行业第一，也还有更大的目标，这些目标推动着产品的发展。

比如新东方、学而思这样的教培（教育培训）公司，其一年的收益占整个教培行业不到 4%的份额（根据 2018 年统计的数据）。即便已经做到行业第一，仍然可以追求更大的目标，并扩大市场覆盖率。更大的目标同时也推动了教培行业的发展。从起初成本巨大的名师为导向，到后来的学生体验为导向。教培行业逐渐形成了标准化的课堂，收获了规模效益。

在未来，人们会追求越来越多的利益，披荆斩棘，逐步向前。

一个人要用一生的时间来回答这三个问题，且在人生的不同阶段，不同的感悟，我们会给出不同的答案。而一款产品，从其出生到被世人弃用，无论走到哪一步，都在需求、产品化及成长的问题上反复循环。

产品思维所解决的正是这三大问题。

## 【行动指南】

做个练习：你如何理解什么是产品思维？

试着去画一个关于产品思维的思维导图，抑或是写一段产品思维的概述，然后试着和身边的人进行一个小范围的“头脑风暴”。

# 第2部分 Chapter 2

## 发现与提出需求

爱因斯坦曾给罗斯福写过一封信，大意是，如果美国想终结第二次世界大战，就一定要研究原子弹。原子弹是让人类极其恐惧的产品，很多人愤懑地质疑：为何要去制造它？！

可它的作用和原始人用来打仗的棍棒并无二致。

存在即合理，理解人、理解社会是发现和提出需求的根本。

# 第4章

# 需求的产生

当你接到一个需求时，要问一问：这个需求为何会产生？而不仅仅是知道“需求发生在哪个场景下”。单纯增加这么一道程序，就可能让接下来的一切都截然不同。

## 4.1 提出需求的动机：先天因素与后天因素

如果说需求促进产品的产生，那又是什么使人们产生了这些需求？答案是“动机”，这就是本节重点探究的一个关键词。

虽然历史无情地淘汰了大量的创造物，但仍有一些东西，它们看起来并不令人完全舒服，却没有被人们淘汰。存在即合理，这些创造物的合理性并不在于它满足了人们当下的需求，而在于满足了需求背后，一代又一代人相同或相似的动机。

比如用来让人产生痛苦的刑具、穿久了脚会痛的高跟鞋、看似多余的门厅（这些是需求），其存在的价值是对权利、美、私人空间的追求（这些是动机）。“动机”并非只有产品经理关注，事实上来自各个领域的很多科学家都曾深入探究过“动机”，人们最终从不同的角度，把需求的动机归结为一个单一的、纯粹的因素。比如，生物学认为人的一切需求皆是为了生存；经济学则以“一切皆为逐利”来概括；物理学探究的则是“第一推动力”或“第一性原理”等。

当然这里的利不一定是货币形式，还可以是权利、名望等其他形式。

如果我们为人的需求寻找原始动机的话，那么它产生于两个方面。一方面是先天的，比如“吃饭”需求背后的动机来自生存需要或满足味觉享受，这些动机都是先天产生的；另一方面是后天的，还以“吃饭”为例，如果面对眼前的食物，你既不饿，又不觉得好吃，但你还是得吃，可能是因为你需要应酬或者饭点到了，这些动机都是后天塑造的。

我们探索这个话题的意义在于，当有人向你提出“需求”时，如果你能分析出对方的动机，你就知道对方需要什么以及何时需要。

当我们说动机来自“先天”时，这些动机基本上都写进了人类的基因。以去餐馆点菜为例，你是怎么选择吃什么的呢？我们基本会考虑几个方面：口味、营养、功能、特色和推荐。

做出这样的选择，我们得感谢自己能够通过咀嚼来品尝食物，这对人类的生存繁衍起到了巨大的作用。绝大多数的生物，其实并不能感知味道，比如鲸鱼吃东西就是一口吞下去，根本就没有咀嚼、品尝的过程。

设想一下如果你失去了味觉，该如何选择今天吃什么呢？

也许最科学的办法是为了保持自己体内的营养充足，按照科学计算进行配餐。而“味道”自然而然地帮人做了决策。有一种说法是：当你的体内缺少某种元素时，你会特别喜欢吃这种元素含量多的食物。拿咸味来讲，人体内大部分化学反应都需要电解质参与，补充电解质就非常重要，于是进化出了代表电解质的味道——咸。往菜里加点盐，菜马上就可口了，这就是原因。

嗅觉能让你大致判断一个东西对你的价值，比如臭味，意味着腐败和疾病。有大量微生物的参与才会有这种味道。而某些厌氧菌能分解出一些特别的臭味，对于一部分人类具有特别的吸引力。这是因为这些被特殊细菌分解过的蛋白质往往意味着更好消化。

由基因作为源头所驱使的需求，是一个特别庞大的集合。人们的任何感官、情绪、好奇心、甚至是幸福感都与基因相关。作为生产者，我们唯一要做的是，让用户在使用上产品的那一刻，相比前一刻的体验更爽。人的感受像是一条持续不断的波浪线，基因会驱使着用户，不断“追逐着”波峰。

产生于后天的动机，以“文化”及“习俗”为代表。比如一日三餐并非基于生存的必要条件，更多是出于人们的习惯。再比如潮汕是一个重视习俗的地区，对于偶尔去做客的人，吃饭首先就是一个特别累的事：摆放筷子绝对不能对着人；筷子无论何时都不能被插进饭里；别人帮忙倒了一杯水，必须用手在桌子上敲两下表示感谢，等等。但是对于当地人，如果不这样做，反而会特别不自在。习俗、文化，最后都形成了一个人做事的习惯。即使生理上并不需要，也一定要去做。

适应人的习惯制造产品的同时，人的习惯也在毫无察觉时，被一些产品所改变。比如我常想，如果不是智能手机的出现，我们就很难看到我们的亲人、朋友会在饭桌上“刷手机”，我们会很愉快地在饭桌上闲谈。但智能手机就是这样的产品，它让人们能更加充分地利用碎片化时间，人们养成了随时随地刷手机的习惯，也利用了很多宝贵的时间。

不少产品经理在做产品时，都会抵触完全顺应用户习惯的方案，因为“这些习惯又不一定是好习惯”。虽然有很多人有自己的习惯，但是当他们感受到产品带来的好处，大于坚持已有的习惯时，就有可能被培养出新的习惯。比如我的姥姥、姥爷现在对智能马桶盖就很依赖。而在最初使用的时候，他们毫不情愿（因为觉得不使用纸巾擦屁股是特别不符合习惯的）。现在真是感慨，好歹两位老人家愿意尝试，跳出了最初的“舒适圈”。

一旦一种更好的体验感代替了旧的体验感，那么就再也回不去了。这就是由俭入奢易，由奢入俭难的原因。

2018 年某打车软件因故取消了一段时间的夜间服务。然后很多网友吐槽说，回不去家了。那么，三四年前他们没有使用打车软件的时候是怎么回家的呢？

那个时候在大城市，大家都知道提前出发，否则打不到车。随着打车软件的普及，这个习惯没了。也可以理解我们被产品“驯化”了。

最后，我们来谈谈“演化”，人的生理（硬件）似乎已经停止了迭代，而思维（软件）却不需要随着社会的变化迅速发生演化。演化既基于先天的生存动机，又基于后天的社会因素的影响。

我们知道基因就像是在做一个横跨上亿年的长期实验，通过大量的突变因素和自然淘汰的积累，不断学习着如何更好地与环境相处。

周围的环境一旦改变，就需要通过进化来适应新的环境，而只有适应了新的环境，你才能生存下去。因而，演化的动机是生存欲望。

在现实生活中，被淘汰或与环境格格不入，都会让我们的生活变得艰辛起来。所以，为了能融入社会与环境，我们产生了类似这样的需求。

（1）围绕晋级、考试等所产生的补习或训练的需求。

（2）向专家求取经验的需求。

（3）搜索及获取知识、信息的需求。

（4）了解当下环境动态的需求。

所有这些，都是为了满足我们从一个环境到另一个环境后的“演化”；或者从一类人群成为另一类人群时需要进行的转变。这些需求的动机既有来自先天的部分（生存），又受后天的驱动（社会和环境）。

## 4.2 矛盾需求的产生

为什么产品经理需要明白用户群体的特征呢？因为不同群体间的需求，常常存在较多差异，甚至相互矛盾。在大多数商业产品的制作中，其实矛盾需求所带来的影响并不明显，因为这是极少发生的事情。但值得产品经理重视的是要审视每一个将要满足的需求，它是不是目标群体的真实需求，会不会因为这个需求的满足反而赶走了用户。

我们身边不同的人提出的需求经常是南辕北辙的。这一节，我们来探讨一下矛盾需求。

矛盾需求一般是人们在后天养成的，一是来自生活经验，二来是来自教育观念。

依然以“吃”来举例子。一次一位广东人来我家做客，我们做了好几道菜来款待他，这位客人对着其中一道凉拌黄瓜惊讶地问道：“这个是不是生的？”我说：“是的，这道菜只能生吃。”他表现出难以理解的神情，在他的眼里，生的食物是充满细菌的。这样的认知在广东并不稀奇。但奇怪的是，广东人却可以接受生鱼片。反而是在北方，虽然凉拌黄瓜很常见，但大多数人是抗拒生鱼片的。

南北方的矛盾需求，就是因为彼此生活经验的不同。沿海地区吃到的海鱼，极少有可以寄生在人体的寄生虫。而北方可以吃到的河鱼，则常有可寄生在人体身上的寄生虫。这些生活经验会形成人们对于同一种食物“怎么吃比较好”的不同认知。

其中，被大家熟知的就是甜粽子和咸粽子，甜豆花和咸豆花之争了。

来自教育观念的矛盾需求，在吃的问题上也一样存在，比如各种不同的“主义”，包括生食主义、素食主义、轻食主义、肉食主义等，每种主义都有各自的信徒，即使它们有时互相矛盾。

这些现象给我们的启迪是：如果你想不出创业的方向，那就不妨沿着不同人的生活经验和教育观念，找到富有群体化特征的需求，从而找到细分市场存在的机会。

矛盾需求的现象给产品人的启迪是：不是所有用户提出的需求、产品建议都是值得采纳的。我们主要看提出需求的人，是否为产品的目标用户，或这个需求是否在目标用户群体中也适用。

在实际的工作中，如果产品经理收到了一个用户提的需求，有时未必知道这个用户是否是目标用户。如果能简单地追问一下：是什么原因让你有这个需求？就可以从用户阐述的原因中分析出用户拥有着怎样的生活经验或者教育观念。这样就能定位出该用户是否与产品的目标人群相吻合了。

不同人提出的需求可能是矛盾的，而我们并不需要满足所有人的需求。这可能就是老生常谈的“你不能让所有的人都喜欢你吧”。

## 4.3 “稀缺”真的很有用

当很多人将稀缺与穷困画上等号时，更多的人在享受着稀缺带来的利益。“稀缺”是个充满矛盾的字眼，人们即感到受困于资源的稀缺，又能从中获得商机。

空气，我们一刻都不能缺少，却几乎一文不值。钻石不能拿来吃或穿，却价值千金。这一切其实都是源于稀缺。

据说在日本最会生活的人，是一个叫松浦弥太郎的男人，早已经济自由的他，在饮食上会刻意限制吃自己喜欢的东西，理由是“只有保持住对美食的期待，食物才会一直好吃”。

这让我想起了多年前在街头看到的一幕，一位好心的大婶为两个乞丐一人买了一个包子，两个乞丐拿着包子，一同躲在了一个角落里，还一边嘟囔着：“这比大老板都吃得好。”或许，大老板们吃着山珍海味时，还真没有感到如此好吃过。

但当下我们所面对的问题，很多时候并不是资源的稀缺，而是资源的过剩。我们不再缺衣少食，事实上是太多了，多得我们消化不完。我们不再信息闭塞，漫天的信息在我们的眼前闪过，让我们眼花缭乱。我们甚至开始刻意制造一些稀缺。整个社会开始推行“断舍离”“轻食主义”，以让我们从资源过剩中得到解脱。

而与此相对的是，我们在某一维度上，仍然过着资源稀缺的日子。比如因为项目经费不足，只能以最低成本去研发产品。因为待处理的事务太多，而时间不够，心里万般焦虑。我们的确时时刻刻生活在稀缺之中。

稀缺，或者说相对稀缺是永远存在的。

稀缺究竟是好事，还是坏事？

那些跟时间和金钱相关的东西，往往就很容易表现出稀缺性。因为这两者从整体上来看是限制性资源。一名程序员如果一天之中花费大量的时间工作，休息时间就会变得更加稀缺，因为一天只有 24 小时。如果一个小孩一天的零花钱是 50 元，中午花 48 元请同学吃了顿饭，晚上就可能连饭都吃不起了。

不过，即便在有限的资源下，人们还是会尽一切努力去满足自己无限的需求。在这个过程里，人们变得十分有创意。 比如程序员希望拥有更多的休息时间，但同时也需要完成好所有的工作，就会思考如何让多件事情并行处理，如何排布优先级。用 48 元请了同学吃饭的小孩，可能会想办法额外从同学哪里“赚”点零花钱（要知道，这可需要相当的能力才行）。

虽然人总会认为“越多越好”，但对于个体或群体更长远的发展，这就未必了。在资源稀缺的情况下，人们开始动脑筋，找到了能用较少资源，创造更多价值，满足更多需求的办法。这让我想起了房龙在《人类的故事》中，这样描述从冰河时代走出来的人类：

“漫长的冬季让他们懂得了储存大量食物的必要性，并且学会了用柔软的黏土捏成碗和罐子，再放在阳光下定型。差点灭绝了全人类的冰河时代，就这样反而成为人类最好的老师，没有它人类就不可能学会开动脑筋。”

资源丰富也能让人类成长。有了吃不完的食物才会思考怎么保留食物。吃得饱就不用频繁地狩猎，才会有心思研究怎么做碗。

世界不仅仅只有一面，在头脑中有两种截然不同的想法，还能保持正常行为的人才拥有高级思维。

不禁感慨，如果不是拥有一颗坚强的心和上帝赐予的稀缺，人类或许早就在某一场天灾人祸中走向衰亡。

但其实，稀缺在我们生活和工作中时有发生，它虽然能激发我们的创造力，但当我们努力克服它时却并不那么顺利。一名产品经理尽管知道如何能做一个好产品，但做得最多的工作，却是如何让产品看起来不那么坏。因为手上的资源往往无法支撑脑中的想法。

但这没什么好抱怨的，资源稀缺只是一种常态。在稀缺中发现满足产品发展的办法，毕竟也是一名产品经理能够产生价值的地方。

有时我还觉得，稀缺不仅不等同于穷困，反而是等同于无穷大。

稀缺=∞

我曾从台湾买了一本特别有趣的书《最好玩的美术画画课》。

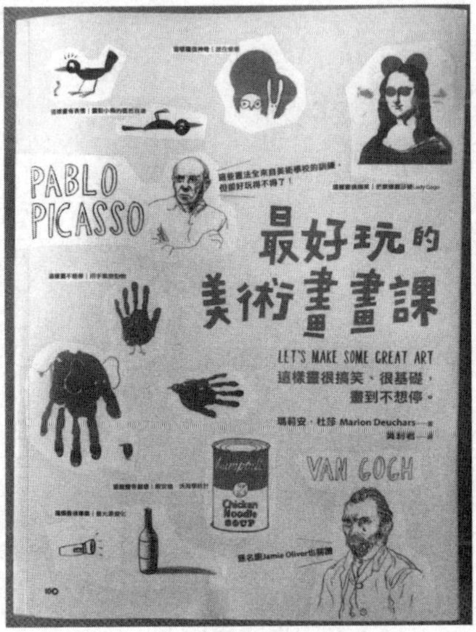

虽然是“画画课”，但是书上的画并不都是需要孩子动笔的，比如用自己的手指作画，将纸撕成各种各样的形状拼成一幅画。它让我有了这样一个想法：倘若稀缺得连一支笔也没有，我们还能画画吗？

答案是肯定的，如果没有笔，我们就能发现，有其他的东西可以代替画笔，“其他的东西”变得越来越多，几近于无穷大。

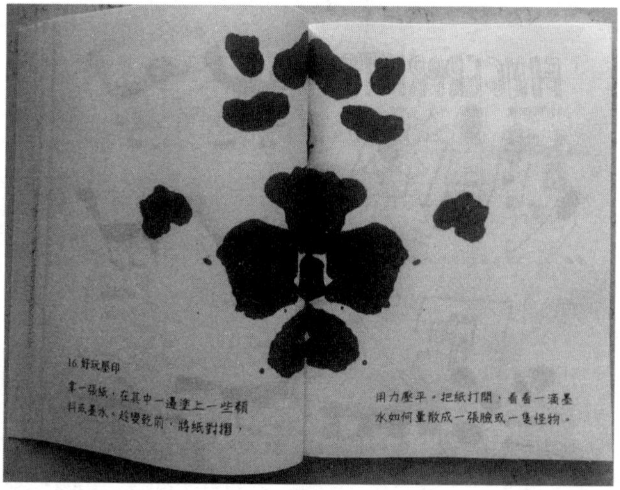


压印画画

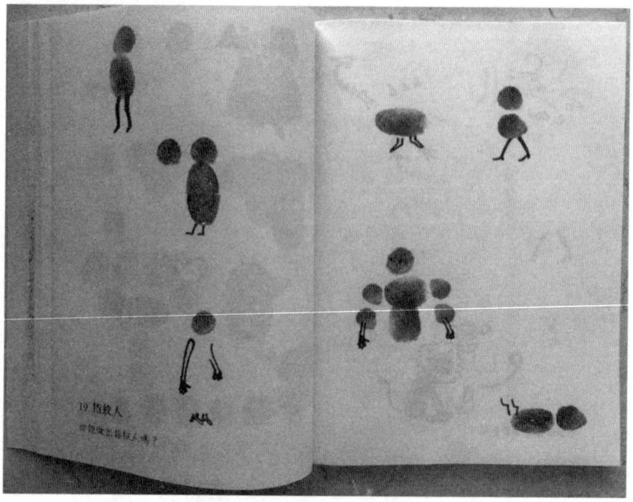


指纹画画

但如果给了充足的笔，并且颜料齐全，让你画一幅五彩斑斓的图画，无疑会扼杀更多的可能性。

我们总在刻意制造些稀缺。比如不少家庭通过定期给孩子发放少量的零花钱，教育他们如何理财。即使他们哭闹着想要买一件价格昂贵的大玩具，家长也会教育他们："可是你现在只有这么多钱。"经过这样的"稀缺性教育"，孩子在解决买玩具问题的过程中，收获了能力。这是稀缺在教育上的应用。

不过这种教育方式不能过度使用。如果长期营造贫穷的氛围会对孩子的认知和性格造成影响。

不过，在我们内心里，毕竟是渴望获得充足资源的。拥有稀缺的物品会给人以优越感。有些商家并不追求将商品卖给更多的用户，而是追求能买到的人越少，越是令人向往的心理效果。从这个角度来看，"稀缺"还是一种营销工具。最终商品因为客单价高，往往收入更丰厚。

iPhone 手机在早期发售的时候都会形成哄抢或者是排队的现象，这种排队并不是生产力不足，而是商家有意制造的"饥饿营销"，越是排队就会有越多的人去购买。比较显著的是当新一代产品出来时，老一代产品还有使用价值，但是已经失去了带来"优越感"的价值。所以很多人会在上一代手机还完好的情况下，去高价换新手机（甚至是每出新品必换）。

还有另外一个例子，是我在饭馆吃饭碰上的。一个穿着贵气的女人，鄙夷地在电话里谈论着："我可不是那些浑身飘着廉价香水味的女人。"购买 Gucci 这样大品牌的经典香水，门店价基本在 1000 元以上。其实是很多人也能买得起的价格，但它能给人的优越感就在于，绝大多数人会认为：愿意用 1000 多元去买香水的人，一定不穷。

奢侈品的背后往往代表着奢侈的生活，有一个段子是这样的：买了名牌的包包，就觉得自己的衣服、帽子、鞋子都需要更换一番，才配得上名牌包包。这样的动力反向推动着人去努力赚钱。所以，看似很多人也能买得起的 1000

元香水，其实是一个相当高的门槛。

所以，奢侈品往往卖的并不单纯是产品，而是稀缺性。为了贩卖，商家很可能需要在更多的时候给用户讲故事。

## 【行动指南】

在情人节这一天，给你正追求的女生选购一件礼物。

**相关知识点：**

1. 基因、文化、进化

2. 选择“稀缺”的产品

3. 避免矛盾的需求

**思维指南：**

【正面信息】想要成功追求一个人，就要先了解对方想要什么。这个过程就像做用户调研，了解对方的基因（家庭环境、成长经历等）、文化（家乡、当前所在环境等）、追求（努力在做什么事等），并推断对方可能喜欢什么。

【反面信息】对方认“稀缺”和拒绝接受的事物经常是因人而异的，如果不搞清楚就很容易被发“好人卡”。

**开始行动：**

想象对方看到什么样的礼物会觉得有价值，结合本章所学知识去进行分析。列一个备选礼物清单，逐条审核这些礼物与女生需求的匹配度。如果你成功了，就把这个方法分享给更多人吧。

# 第5章 调　研

## 5.1　当我们抗拒调研时，是出了什么问题

我们对“调研”二字再熟悉不过了，它是一种常规的工作内容。但实际上，抗拒这项工作的人并不少见，常见的抗拒理由是这样的：

（1）用户调研不靠谱，比如用户并不知道自己需要什么，或者用户可能无法准确表达自己的需求；

（2）不希望用户说什么就做什么，否则就不是产品经理；

（3）因为不打算抄袭，所以也没必要做竞品调研。

这三个理由来自我和我周围的许多产品经理，我们都曾用这样的理由来抗拒调研。基于这样的想法，如果再加上相信乔布斯“从不做调研”，那就可以把“不做调研”当成圣经一样笃信了。

但这样的拒绝到底正不正确呢？只要你认真审视这三个拒绝的理由，就不难看出，产品经理拒绝调研的根本原因其实是不希望出现“别人说什么，自己就做什么”或“别人做什么，自己就做什么”的局面。

当一名产品经理提出一个创新的想法，推动团队共同落地，并获得用户的好评时，这样的结果对于一名产品经理的职位晋升、职业高度无疑是有积极作用的，张小龙就是这样的例子。

但创新并不容易得到支持。对于投资人来说，创新会带来相当多未知的风险。那些值得去尝试的创新，一定是有市场的。这种判断就要基于对用户需求的理解，对市场的了解，并做各种调研。

我们都喜欢创新，但是似乎都讨厌风险，所以老子说“不敢为天下先”。

创新对于产品经理来讲，就如同医生成功完成一台高难度手术一样，虽然过程艰难，但绝对是值得付出的。产品经理不会喜欢做抄袭的工作，可是市场上的产品，同质化现象的确普遍存在。这种现象是信息化时代的副产品。为了不重复造轮子，或主张站在巨人的肩膀上创新，产品经理会去看看市面上的产品都做了什么，怎么做的。在信息化时代，我们很容易得到这样的信息。但这个举动不是为了抄袭，而是为了判断市场上产品的“及格线”都画在哪里。如果别人都已经开起了“飞机”，你还在摸着石头过河，那肯定是会落后的。

在一轮市场调研和了解之后，我们当然不排除选择了一个看似与竞品差异不大的方案。创新实在是太难了，创新不好，就不如先学习，然后在运作的过程中，结合目标用户的真实需求，找到产品微创新的地方。

要知道，一个产品经理的价值绝不在于其能提出多么创新的想法，而是他负责的产品能不能成功。所以千万别为了表现自己的想法，而忽视了产品本身的可运作空间，否则就因小失大了。

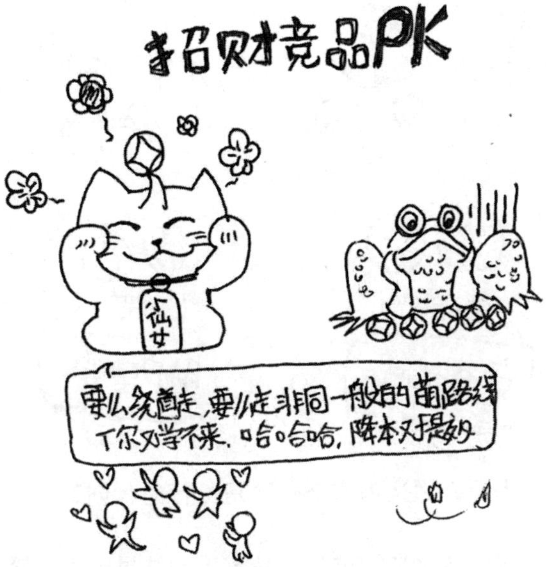


产品经理应该在意一个产品的新增功能是否能得到用户的喜欢，能否提升团队关注的数据质量，以及能否提高产品的口碑。

其实这是一个很矛盾的问题。想要不重复地造轮子，就要看更多的竞品资料，但是真的看得多了就很容易陷入思维定式之中。所以，产品思维的关键在于不需要关注这些分散注意力的事情，只需要关注产品本身就可以了。

还有一种情况让产品经理很懊恼，从而抗拒调研。自己萌生了一个不错的想法，有时领导会简单地以“如果你这个创意很好，为什么其他产品没有去做”为由毙掉。可是不久之后，产品经理发现一个和自己想法一样的产品在市场上推出了，而且还获得了成功。

这种单一化的决策方式显然不可取。但作为产品经理，也应该尝试从用户的角度，理解领导的质疑。所谓“好的团队，专注于用户，差的团队，专注于竞品”。

多维度的信息收集能帮我们更接近“真实”世界。

如果领导问：为什么你认为这个想法是可行的、创新的？

那么回答者就应该从用户需求和竞品分析的结果上给出答案。比如：经过我的调研，用户在使用这个产品时，往往会碰到这个问题，但是至今没有竞品去解决它。而对于我们来说，正好有资源去解决它，并且成本可控。

这时领导可能会说："我们可以先做一个样品，分析一下用户的反馈，再决定是否批量投入。"

你看，这样的交流，就把关注点从竞品，转移到了用户上。当然，要想给出这样的回复，你就要好好做调研。

所以说，如果一个产品经理抗拒调研，那估计是整个团队的关注点出了问题，或者是对调研的认识不足导致的。正如接下来所讲，调研的本质是收集信息。其实没有产品经理不做调研就能把产品做成功。

创新很多时候大体上一样，细节上不同。

人们用新的技术来满足旧的需求，即"新瓶装老酒"，就会出现革命性创新。当然了，这样的机会很少。

不管怎么样，创新和抄袭两者做产品的方式不同，调研的内容也完全不同。

## 5.2 如何调研才准确

（1）第一，单一维度的数据，再“多”也不准。

数据的采集数量多并不能确保准确性。用来保障准确性的是数据采集维度的广泛性。涂子沛先生的《数据之巅》里有这样一件事：

1840 年，美国第六次人口普查，爆发了人类历史上第一次由数据引发的公共事件。

该事件的起因是民间对普查数据的解读。有人在普查数据中发现，北方的黑人中，精神病患者和白痴的数量之多达到了惊人的地步。按比例计，在北方，每 162 个黑人当中就有一个精神病患者或白痴，但是在南方，该比例却是 1558:1，相差几乎十倍之多；而同样的数据在白人当中却相差无几，北方为 970:1，南方是 945:1，几乎没什么差距。这一组对比悬殊的数据很快登上了报纸头条。南方的杂志《南方文学信使》（*Southern Literary Messenger*）甚至为这组数据配上了漫画：发了疯的黑人在北方四处流窜，到处都是惊慌错愕的表情……

当时的评论说一方“制度”一方人，就是因为过分的商业化的雇佣制度把黑人都逼疯了，更有极端者说：黑人一自由就发疯！只有奴隶制度才能让黑人身心健康。

结果呢？结果是填错了。对，就这么简单，由于设计问卷问题的调查员把一部分白人精神病患者的数据写成了黑人，而南方黑人多，数据被稀释，北方黑人少，结果就严重偏颇了。

如果数据是来源于单一的维度，一旦原始数据有误，那么由此推出的所有结论都是错的。但如果信息来源于多个方面和多个维度，信息之间能相互佐证，那么将大大降低其出现错误的概率。

（2）第二，为了让访谈有效，对于关键问题，我们得从多个维度追问。

人们在接受访谈时，可能会故意或下意识地说谎。这就需要我们追加更多维度的问题进行验证。比如当问到一个人："你读书的频率如何？"假如对方回答的是："每周一本。"那么接下来，就需要追加一个佐证其真实性的问题："那么本周读了什么？"假如佐证的问题也能对答如流，那么"每周一本"这个回答就是相对可靠的答案。

我们可以从这个过程中发现，所谓"用户常常不说实话，所以访谈式的调研没什么用"，其实主要是访谈做得还不够到位的缘故。

这种情况在面试中比较常见，事实上真的愿意读书的人很少。不仅是读书，我们对于家庭受访者提问他们所承担家务的百分比，得到的结果通常合计都会大于100%，甚至大于150%。我们会错误地估计自身情况，并在讲述故事的时候对于无法清晰记忆的细节，更倾向于用想象去弥补，而不是坦诚"我不知道"。

（3）第三，为避免"任人摆布"，当用户对你表达需求时，要先辨别对方提的究竟是需求，还是方案。

如果是方案，要将其还原回需求。比如人们坐地铁时，可能会脑洞大开地提出："希望支持指纹车票，购买车票时，快速录入指纹并付费即可。到站时只要凭借指纹识别，就可以出闸。"

这是需求还是方案呢？没错，这是一个方案，而这个方案很可能缺乏技术可行性。但不要着急，如果再追问几句，用户可能就会道出提出这个方案的原因，他有一次把车票丢失，觉得纸质的车票非常麻烦。

一旦我们明确了用户的提议有方案和需求之别，就不会轻易地按照用户说的去做。产品经理最重要的是从用户那里收集需求，或者顺藤摸瓜，追溯用户提出方案背后的需求。

最后产品经理会综合考虑需求、可行性、成本等因素，给出恰到好处的产品解决方案。

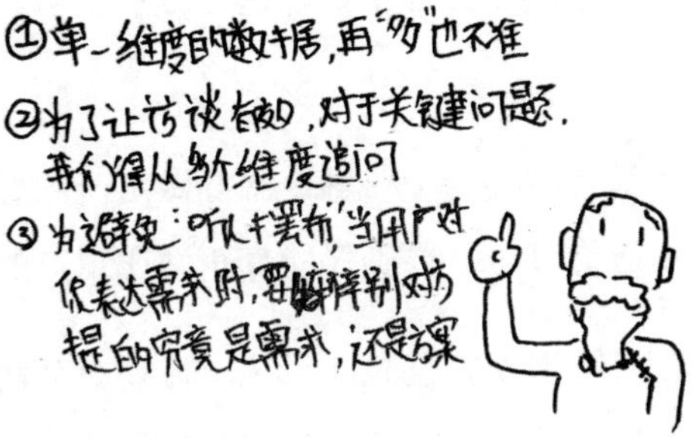


## 5.3 准确地理解及传达用户需求

我常跟熟识的产品经理说，做产品很需要真诚。什么是真诚呢？就是你常“走出去”，与用户交流，体验用户的场景和生活。但现在大多数产品经理不会这么做，因为这听起来就要花费不少时间。

真诚就是你真的觉得这产品好，你自己也会用。就是你推荐给我的股票，你自己也买了。

而且，你在使用自己的产品时，不仅仅是一个用户，更是一个观察者和研究者。这代表着你需要对使用中的每个细节都清楚。

“走出去”—— 自己理解需求

在一些大公司，前期的调研工作多半交给专职用户研究人员去做，大概用1～2周时间，主要方式是定性访谈或发放调查问卷。他们输出的调研报告都非常专业，但我觉得对于一名产品经理来说，这些专业报告最大的问题是能够理解，但没有感觉。

多年的产品经验让我有这样一个感触：想要做出一款好产品，特别需要真诚。当你试图为用户创造价值时，要确保能真正站在用户的角度。

记得有一次我们做人脸识别安全验证系统，计划在公司园区的大门门禁处先投入试行。从调研报告上看，当时已安装的门禁系统给员工带来的最大痛点是人脸识别响应速度太慢。

这个结论已经相当清晰，基本可以很有说服力地让技术人员提供解决办法。但我还是觉得，对于“响应速度太慢”，我难以感受到用户的痛点，所以决定自己去调研看看。我做了这样几件事：

（1）早上9:00—10:00，我在园区门口，自己先以员工的角度去进行测试，直接体验人脸识别的完整过程；我用了大概30分钟站在门口仔细观察每一个员工打卡或刷脸入园的情况（员工只需要用其中一种方式验证身份即可入园），并且拍摄了几段实地录像。

这里大家要注意笔者用的调研方法是实地记录和观察，这种数据的可靠性要高得多。我曾经和一些专业的调研公司有过合作，而国内的调研公司良莠不齐，部分网上的调查问卷是直接外包给大学生做的。

（2）我去保安室观察了人脸识别系统中的保安监控端的使用情况，并且与保安人员详聊了当前人脸识别系统在他们工作中的运作情况。

（3）我去和开发这套系统的原有团队进行了了解。

在做了以上三件事之后，我发现更多细节亟待改进，而这些基本都没能通过对员工的访谈获得，比如：

（1）在放置人脸识别的机器前，应该限制园区入口的宽度，以确保每个人都能经过识别机器。

（2）在保安室的监控屏上，应该实时显示员工入园的影像，而不是只显示识别成功的员工，因为监控的关键目标其实是发现识别失败的员工，而原有设计完全无法满足这个需求。

（3）识别结果的反馈效率低下，比如屏幕上的“识别成功”图像在阳光的斜射下几乎看不清楚。语音提示过长，比如“人脸识别成功”“人脸识别未注册”，后来我们提出建议，将识别成功的语音，改成类似“叮咚”的短音。

最后还会发现，在调研报告中着重强调的“响应速度过慢”的情况，其实只能算是异常情况，而且很难用当时的技术资源，让响应速度在短时间内快速提升。

由于原本接受访谈的人主要是在使用中遇到过问题的人，所以这个问题在调研结果中被夸大了。

如果只调研那些投诉的用户，你得到的很可能不是大多数人都遇到的问题，而是个别情况。这种现象叫幸存者偏差，是指只能看到经过某种筛选而产生的结果，而没有意识到筛选的过程，因此忽略了关键的信息。最著名的例子是给飞机加钢板应该加在没有弹孔的地方而不是有弹孔的地方。因为没有弹孔的地方飞机中弹可能就飞不回来了，这才是致命点。

所以调研一定要做到尽可能全面，被调查者是在全部人群中随机产生的。

在对需求有了更加真切的理解后，我组织了一个团队进行内部需求沟通会，通过讲述、播放录像、照片的方式，让每一个人对用户需求都有了更真切的感受。虽然结果比预期增加了不少工作量，但因为大家对“为什么这么做”有了深刻的理解，所以都欣然接受了。

关于“理解用户需求”，产品经理要对需求的理解足够真切，而且要细节丰富、准确，也要把对需求的理解传达给团队。这需要我们拥有的思维方式是坚持实地、多维调研，并且要学会场景化地演绎需求。

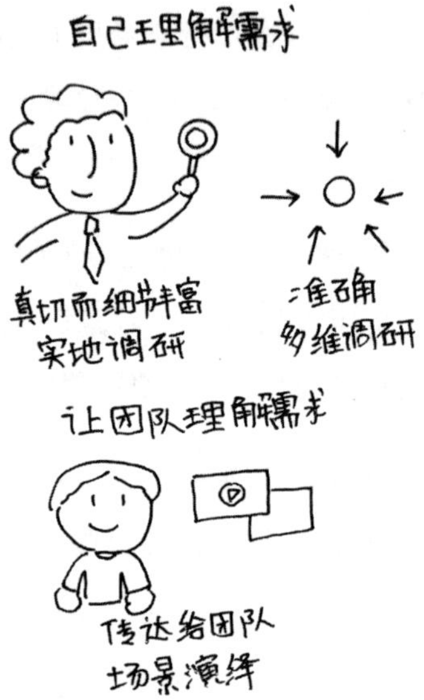


我们在刚才的案例中，就做了这三件事。

#### 1. 实地调研

当我们从一个产品的使用者转变为观察者或研究者时，往往会看到更多的东西。在本节的案例中，我作为一个研究者，在体验整个人脸识别的过程时，会认真感受每一个场景带给自己的感觉。比如体验到“识别成功的反馈效率低”，就是因为感受到自己明明已经识别成功了，却不能马上离开。

#### 2. 多维调研

实地观察能让一个产品的设计者以亲身经历的方式，对用户痛点进行充分的理解，并收集到足够多的细节，便于设计出更精致的产品。但是，让我们此刻停下来，先别急着做方案。实地观察后，就能具备对用户的同理心了吗？有的用户会不会经历了观察者根本没有想到的场景，有着观察者所不知道的痛点呢？

当然有可能！所以除了实地观察，我们还需要一些补充调研，比如通过问卷、访谈、模拟环境测试等方式去了解更广泛的目标用户群体。如果时间有限，可以主要通过一种方式去做补充调研。比如，我就比较喜欢快速找到几个目标用户聊一聊，有时你会发现他们的视角可能完全不同，而也有很多时候是大同小异的。这些都能帮我们确认：我们此刻对用户的理解，是否与用户所表达的一致。

### 3. 场景演绎

在这个案例中，我们用了实地调研中的视频、照片，以及一种讲故事的方法。当然，你也可以把一些现场资料带回来，丰富小伙伴们对信息的了解，比如人脸识别硬件厂商放在保安室的使用手册等。

如果团队中有对客户非常了解，身经百战的销售，可以请他们通过角色扮演的方式进行用户模拟。这种方式旨在帮助团队内每一个成员都能具备同理心，以真正理解用户的需求，又被称为沙盘推演。在项目组里，沙盘推演是一个非常有趣的尝试，大家会在轻松的气氛中，充分地对用户行为进行模拟和讨论。在这里我们就不深入介绍了。

## 5.4 调研及分析框架

讲述调研及分析框架前，先为大家梳理一下完成有效调研的一些关键点，以便让大家明白，在什么时候，可以使用什么框架。与调研和分析相关的框架实在比较多，所以本节不一一讲解，只简单列举，以帮助读者了解“当前阶段可以用到什么样的调研及分析框架”。

### 1. 调研概述

调研工具的使用，往往基于调研目的，而调研目的则基于产品各阶段的任务以及需要调研的内容。要选择合适的调研工具，就得先从“明确产品阶段”开始，逐级确定。

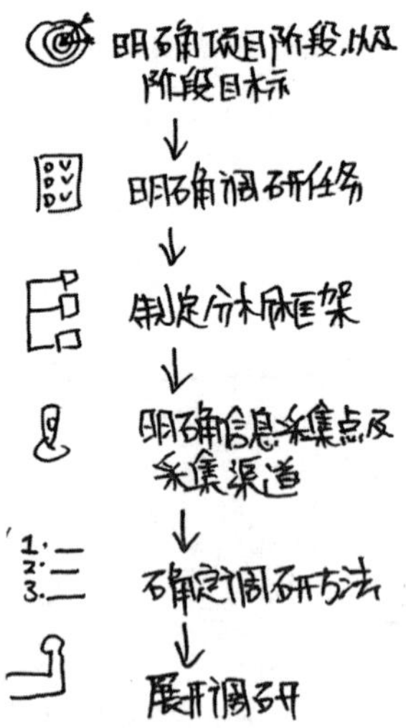


我们在对各阶段的调研进行整理后，将所有的调研目的归纳为以下四种：

（1）以明确产品体验设计方案为目的的设计调研

（2）以明确产品方向为目的的方向调研

（3）以发现问题或异常为目的的日常调研

（4）以完成某种分析为目的的分析调研

### 2. 不同项目阶段适用的调研及分析框架对照表

（1）产品立项调研阶段

| 阶段目标 | 可用分析框架 | 可用调研方法 |
|---|---|---|
| 明确产品方向及项目可行性 | 波特五力分析模型<br>SWOT 分析法<br>可行性分析法<br>PESTEL 分析法 | 搜索法<br>访谈法<br>MVP 测试法 |

（2）产品策划与设计阶段

| 阶段目标 | 可用分析框架 | 可用调研方法 |
|---|---|---|
| 从 0 到 1 设计产品 | 5W1H 分析法<br>产品定位五步法 | 用户访谈<br>卡片分类法<br>焦点小组<br>自我陈述法<br>头脑风暴<br>日记调研法<br>问卷调研<br>现场访谈<br>观察法<br>实验法 |

（3）产品测试阶段

| 阶段目标 | 可用分析框架 | 可用调研方法 |
|---|---|---|
| 验证产品是否有严重的体验问题 | 无 | 可用性测试 |

（4）产品上线迭代阶段

| 阶段目标 | 可用分析框架 | 可用调研方法 |
| --- | --- | --- |
| 不断迭代更好的产品 | Kano 模型 | 电话回访<br>数据采集<br>眼动测试<br>用户留言板<br>通用调研法 |

（5）调研的通用方法

说起调研，或许你首先想到的会是用户访谈、问卷调研这一类通用调研法。所谓通用，即无论是哪个行业、在什么样阶段的产品，都是比较主流的调研方法。因为其用途广泛、操作简单，所以非常常用。这类调研方式几乎不会过时，也几乎没什么变化。

| 通用方法 | 说明 |
| --- | --- |
| 用户访谈 | 针对特定的问题，与用户进行一对一访谈 |
| 焦点小组 | 一种多人同时访谈的方法，以座谈会的形式，针对一个或一类主题与受访用户展开探讨，有观察员进行观察和结论整理 |
| 问卷调研 | 指调查者通过统一设计的问卷，要求被调查者据此进行回答，以此进行资料收集 |
| 头脑风暴 | 以收集创意为目的，通常将与话题相关的人集中组成一个小组，进行集体讨论，相互启发、碰撞，以便产生足够多的创意 |
| 实验法 | 又称现场实验法，是指直接在场景现场做指定的实验，以观察用户的真实反应 |

续表

| 通用方法 | 说明 |
|---|---|
| 观察法 | 是一种带着目的（比如为了找到用户使用中的痛点）的看、听、触摸 |
| 搜索法 | 通过搜索工具或查询渠道，进行信息的搜索，比如用百度、Google 搜索关键字找到相关资料，或去图书馆找到可能有帮助的书籍等 |

## 【行动指南】

你的孩子高考完要报志愿，你们一家在犹豫让孩子报考医学，还是心理学。如何帮助他了解更多信息，以做出最终的决定（把未来从事某个职业的自己作为“产品”，而进行的前期市场调研）。

**相关知识点：**

1. 多维调研

2. 实地考察

**思维指南：**

【做计划】首先要收集信息。为了让信息准确无误，无限趋近于现实，就需要从多个维度进行调研。做一个报考专业调研计划，让信息收集结果更可信。

【面对现实】很多高考生向往某个专业，往往是基于单一的影响，比如看了某个名人传记后，决定以后从事同样的职业。这就像产品经理有时对用户需求的理解只是出于单一的想象一样。想办法让孩子去体验这些职业，对于孩子做影响毕生的选择是有帮助的。

**开始行动：**

找几个身边的人，跟他们聊聊关于大学选专业的想法，从而收集需要关注的信息，做好计划，结合本章提到的调研工具，开始收集信息吧。

# 第6章

# 找到需求的本质

## 6.1 认知本质的两句口诀

理解需求的本质，是一种对表象的深度认知。能够认知到本质，代表着拥有更加优秀的认知水平。但我们并不能说，所有能够认知到的本质，就一定是正确的。找到本质的过程还只是一种认知的过程，认知偏误就依然可能存在。因此，在我们大谈“本质”的时候，有一句讲在前面的话：对于别人谈本质，要警惕；对于自己谈本质，要谨慎。

我个人认为，对于本质我们只能无限接近而无法到达，就像双曲线一样。

认知本质的方法，其实可以用两句话来概述，非常好记、好用。“点一定长在线、面、体上”，“表象背后必有推动力”。这两句话虽然理解起来简单，可在实际工作中，每次接触需求时，都能记住这两点的产品经理，其实寥寥无几。

### 1. 点一定长在线、面、体上

认知需求本质是一种见微知著的能力，所有“微”的背后，都有“著”。即所有的点，一定长在线、面、体上。举个例子，在《万历十五年》中，记述着本来勤奋的万历皇帝的一件怪事：保持 30 年不上朝。光是从这个现象，我们就得把这位皇帝批评一番，可能还要心里骂道：“呸！懒政不上朝，难怪亡国。”但这只是表象，你只要问一句“为什么？为什么他要这样做？”我们的追寻本质之旅就开始了。思考这个表象的“点”，是基于目的，即找到“线”，而这个目的是在怎样的环境中触发的，即“面”，是什么样的因素产生了这样的环境，即为“体”。

这个过程给人的感觉很像是在学习（学习亦是认知的过程），当知识越学越深时，你会认识到一个知识点的背后是极其庞大的体系。于是，越是学习，就越感觉到自己的无知。

黄仁宇为我们找到了万历皇帝不上朝的本质，其“线”为万历不想在朝堂上给文官摆弄自己的机会，因为这条线，万历皇帝应该也不止做了这一件事去抵抗文官；其“面”为当时文官当政，万历并无实权，而这个面造成了多条线，比如武将往往被轻视，国家并不注重军事力量的积累等；其“体”为形成文官当政的社会原因，从体中可能产生出更多的面。

### 2. 表象背后必有推动力

我们在第 4 章中说过：在人们提出一个需求的背后，总有其动机。两者内涵是一致的。我们也可以引申为：每次看到一个表象，就要想想是什么因素导致了这个表象的发生。举个例子，不少电商明明周年庆活动的打折力度比双 11 更大，可销量还是不如双 11。造成这一表象的推动力是什么呢？简单分析一下就知道，一个用户大概率知道该电商在双 11 时会打折，却可能不知道什么时候这家电商会周年庆。双 11 已经是约定俗成的减价日，它降低了很多电商的宣传成本。

如果我们继续追问：是什么使得双 11 成为约定俗成的日子？你可能会想起

很多年前，阿里巴巴在“光棍节”期间搞的一次极为成功的促销活动。自那以后，每年的双 11，中国电商都在打折。

而促使第一次及接下来所有双 11 活动成功的推动力又是什么呢？可以说是营造了“共振效果”：你认识的人都在谈论双 11 买什么，你很容易就陷入这种群体的共振中。共振的范围越大，效果越好。对于淘宝平台，当大部分的店铺都参与了双 11 后，所带来的消费者群体的共振是很大的。

这样一层层推算下来，我们就能知道，一个活动成功的关键在于它能产生多大范围的消费者群体的共振。这是表象发生的内在原因，我们可以视为表象背后的推动力。

总结一下，“表象背后必有推动力”，其运用起来就是当看到一个现象时，向自己提出一个问题：是什么原因产生了该现象？以此类推，直到挖出现象背后的本质。

这个过程就像物理学中追溯力的源点的过程：一切事物都在运动，一切运动都因为有一个推动力在起初产生了作用。只有“第一推动力”不被其他力量推动，物理学家认为这股力量的根源在宇宙的边缘，而哲学家则将其上升到了神学的维度。

在哲学的世界里，还有一个概念叫“第一性原理”，亚里士多德对它的解释是：在任何一个系统中，存在第一性原理，是一个最基本的命题或假设，不能被省略，也不能被违反。

第一性原理推动着各种表象的形成，这也是我们通过不断追问而求索的过程，只有找到用户真正的需求，你才能对症下药。

比如，经济学的第一假设是经济人假设，就是每个人都是以自身获得最大利益为行动前提的。

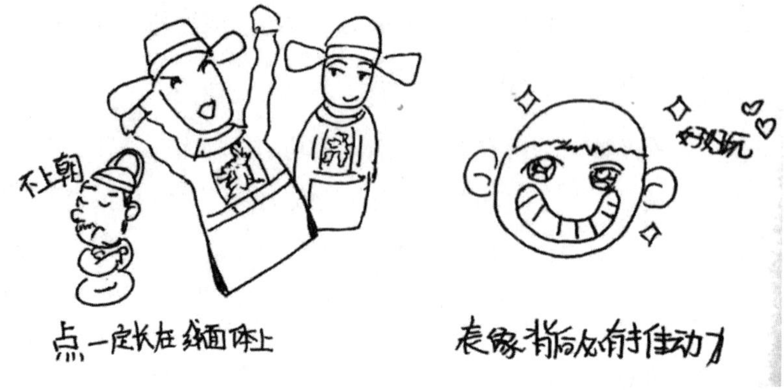


## 6.2 本质思维是怎样让你更加高阶的

高阶的产品经理，会有一些共同的特征。比如：能够应对突发状况；能够理性地做出决定及决策；能够清楚地分析该做什么，不该做什么。

上述举例的三点都与本质思维相关。有些人工作多年，还不能培养这样的能力，主要就是没有看清一些工作的本质。

如果能说出下面这些观点，可能是看清了事物的本质。

“演讲的本质是为了建立信任。”

“时间管理的本质是并行能力。”

“写作的本质就是说话，就是表达自己的意思。”

这三个观点，第一个出自《演讲的本质》，第二个出自汤君健在《得到》上的系列课程《怎样成为时间管理的高手》，第三个出自叶圣陶的《落花水面皆文章》。他们在教育大众这件事上，都先阐述了本质，以此来说明他们在整个知识体系的核心思想。

以叶圣陶先生的这句话为例，当我们把写作的本质理解为“表达自己的意思”时，我们在写作训练时的关注点，就很自然地落在了如何更清晰地表达自己的意思上，而不是纠结辞藻是否华丽。

同理，如果一个产品经理把用户体验设计的本质理解为“让用户持续获得满足感”，那么无论是学习还是工作，都会着重探讨用户是否能够获得满足感。

有了对本质的理解，无论发生什么突发状况，本质思维都指导着我们思考问题的方向，这也是有些人能够举一反三的原因。

在一名产品经理的工作中，本质思维是直接的工作工具。比如产品的“借鉴”，一提这个词，不少产品经理还挺反感的。有的人说起这个词，多少有些挖苦产品经理：“哦？对，你们这不叫抄袭，叫借鉴。”倘若不思考事物本质，那么“借鉴”就真的是抄袭。举一个例子，来说说怎么样用本质思维去“借鉴”。

产品游戏化的思维已经受到越来越多产品设计者的重视，很多非游戏产品也开始变得更有趣。比如一款电子钢琴 The Onc，它最大的卖点就是连接一个游戏化钢琴教学 App。没有任何钢琴基础的用户，可以通过跟弹、闯关、完成任务来学习弹钢琴。当游戏全部通关后，消费者就能流畅地弹出相对应的曲子了。虽然这样的设计让学习弹钢琴变得好玩，但设计者所设计的初衷不是游戏，而是学习方法。

游戏化的本质并不是在产品里增加小游戏，而是让产品使用起来更加有趣，让人更容易上瘾。

基于这样的本质，非游戏类产品在实施“产品游戏化”时，借鉴的是游戏能让人感到有趣的核心方法（故事性、规则清晰、正面反馈、自愿参与），而不是把游戏本身僵硬地装载到产品中去。

《天龙八部》中鸠摩智在少林寺使出了少林七十二绝技，而事实上他根本不会，只有虚竹看破了他用的是小无相功，其本质是心法内功。现实中，很多人就像少林众僧一样会被外在“招式”所蒙蔽。所以做产品时要借鉴别人的招式，更要守住自己的心法。

本质思维还可以作为工作工具，用于识破伪需求。不能识别本质，就很容易被用户提出的伪需求牵着鼻子走。

初为产品经理时，我几乎每个月都会参与或组织一轮用户调研活动，我深信由用户亲口讲出的，就一定是他们想要的。直到我自己经历了“被调研”后，才意识到用户会不由自主地提出伪需求。

比如我在接受网易云课堂的调研中，曾向工作人员提出“增加笔记功能很重要”的想法。因为对于我本人来讲，每次听课都会做笔记。

后来这个功能上线了，而我却基本没怎么用过。无论这个功能有多少人用，对于我来说，它就是一个不折不扣的伪需求。但作为被调研的用户，我曾说的每句话，都百分之百的真诚，因为我确实是极其喜欢做笔记的人。无论是听课还是听讲座，我都会准备一个笔记本，把重要的、自己想到的东西都记录下来。但我忽略了一件事，就是我喜欢在笔记本上做笔记，主要是因为我不喜欢在各种平台上做零散的笔记，因为零散的笔记很难被找到，不便用来复习。

所以我在提出增加笔记功能时，本质上只是在传达我的学习习惯，它不代表我需要平台满足我的方式是增加一个笔记功能。

我们可以从更多的经验中发现，用户向生产者提出自己根本不会买单的需求是一种常态。因此，当用户向你说“我需要某某功能”时，作为产品的生产者，一定要谨慎。要明确该需求的本质，识破伪需求。

在产品的细节设计上，每个人对同一个功能的本质的理解可能并不相同，但当人们产生对“本质”的争议时，我们就需要检查一下，是不是功能本身的设计出了问题。

所以最后我们说，本质思维有时就像是一面镜子。举一个例子。

某项目组正在做一个采购系统，组内一名产品经理 A 提出了一个问题：用户提交了采购申请单但提交完成后需要更改申请内容，那么更改后的采购申请单在重新提交后，单号是应该变更为新的单号，还是保持老单号呢？

基于这个问题，另一个产品经理 B 也非常感兴趣，于是他们共同对两大竞品做了一个调研。竞品 1 的方案是更新为新的单号，竞品 2 的方案是保持老单号。于是两位产品经理也产生了争议。

A 认为：应该保留老单号。单号的本质是标记一个订单被创建出来了，即使修改了内容，这种修改也是基于原来的采购单，并没有重新创建订单，也就是单子还是老的，单号自然不能变。

B 认为：应该更新为新的单号。因为单号的本质是表示一次独立的内容请求，而当请求产生变化时，单号就应该发生变化。申请采购一台电脑是一个采购单，改成了采购 5 个鼠标还说是同一个采购单，就有点说不过去了。

A、B 两位产品经理各执一词，我们该如何选择呢？其实两人都谈到了单号的本质，但最终我们只能确定一个方案。当对一个名词的理解出现了“本质”上的矛盾时，我们该做的是跳出既定的方案，重新检查一下原来规划的用户路线是不是本身就有问题，这个争议是不是可以在源头上消灭。

比如在这个案例里，我们真的应该允许申请人修改申请单内容吗？如果参考在淘宝上购物的体验，当我们提交了订单却发现自己买错了东西，那么解决方法只有重新下单。当一个采购申请单被驳回或自己撤回后，是不是可以考虑只允许发起新的申请呢？抑或是，订单被驳回时，只允许更改一部分的内容，如果确实需要修改购买内容，就需要重新提交申请呢？

虽然我们需要谈“本质”，但不要陷入其中，越是细节的问题，就越容易让人陷入犹豫不决的境地。我们要思考每个“点”背后的“线”与“面”。从更加宏观的层面上系统性地思考一个产品如何运转。

## 6.3 如何培养本质思维

培养一种思维和培养一种习惯一样，需要刻意练习。

倘若你是一名产品人，本质思维的重要性毋庸置疑，因为看清需求的本质是你必备的工作技能之一。

但即使你还不是一名产品人，在生活和工作中，拥有本质思维，也是成为解决问题的高手的前提，能让你少碰钉子。

比如在日常沟通中的一个问题：总是和某一个人沟通不顺畅。你就要问一问是不是你们的关系出了问题。因为如果关系不好，那么对方说什么都是错的。如果能看清关系不好的本质，就不是解决某一次沟通不畅的问题，而是应该努力拉近彼此的关系。

从问题看本质的过程，可以拆解成 4 个步骤。

步骤 1：明确需求中核心词汇的概念，多人协作要确保所有人对概念有一致的理解。

步骤 2：追问需求表象背后的推动力，或对需求进行“点、线、面、体”结构性的分析。

步骤 3：根据已有知识储备，解释这一现象，看逻辑是否自洽。

步骤 4：根据步骤 2 和步骤 3，找到需求的本质，多人协作要确保所有人对本质的理解是一致的。

通过以上 4 个步骤，我们才能找到问题的本质。我们要有意识地完成这 4 个步骤，这也就是我们要培养的本质思维。

当有人向你提出需求，或要求更改某个方案时，你先把关键词列出来，别管是多么常见的词，问一问提出需求的人，这个词的定义是什么。比如听到别人说“如果这个功能上线效果不错，我们就扩大宣传”，这时你就要请他先定义一下所谓的不错是指什么。这个词之所以重要，是因为它对我们是否会“扩大宣传”具有决定性作用。如果我们想成功找到本质，首先要能正确掌握决定性的信息。

当你明确了需求后，你要养成这样的询问习惯，“你为何会提出这个需求？”“你的需求为何不是×××？”这些都会引导对方说出需求背后的驱动力，或者线、面、体。如果你觉得还不够，可以自行设计问题，然后养成正确提问的习惯。

接下来，我们可以根据一些基本的规律性知识进行剖析，因为这些知识常常就是我们所说的“表象背后的推动力”。比如一个经济学家，会根据需求曲线及共振效应来理解双 11 大量用户集中购买东西的现象。

当团队对于产品方案有所争议时，要将你对本质的理解表达出来，如果与其他人的理解不同，那就如前文所说，看看是不是背后的流程出现了问题。最后，当一个团队对本质的理解达成一致时，很多细节的工作合作起来就会更有默契。

当我们遇到一个问题的时候，我们通常会思考这是不是“核心问题”，或者问题的本质是什么。

一个人面对邀约时，说没有时间，有可能是真的没有时间，而更大的可能是不想见你。如果你看不到本质，可能就永远也解决不了问题。

所以我在做产品调研时一般会问：“如果我能帮你解决这个问题，你是否会购买？”如果是，那么解决的可能是本质问题；如果不是，可能就不是对方所关心的问题了。

## 【行动指南】

如果你是一个出租车司机，即在提供接送服务的产品。如果想在早上 8 点到 10 点期间赚到更多的钱，你会采用怎样的策略？

**相关知识点：**

1. 点一定长在线、面、体上

2. 表象背后必有推动力

**思维指南：**

【推测现象】分析乘客打车可能的动机，如果有大量动机相同的用户，会出现怎样的现象。

【囤积思想】黏性高效用户就像囤积的谷物，可以为生产者的持续收入带来保障。

**开始行动：**

想想都有什么因素会影响到早高峰的收入，分析不同的用户在该时段打车的平均价格、时间消耗与用户本身需求的关系。试着用“点、线、面、体”的思维方式进行梳理，并给出你设计的方案。和其他司机探讨该方案的实操性。

# 第3部分 Chapter 3

# 将需求产品化

《人类的故事》里说过，“人类的历史等同于一部饥饿动物的觅食史，哪里有充足食物，哪里就会成为人类的家园。”

作为人类，我们一直在寻找满足自身的需求，更是在发现新需求和生产新产品中不断地发展。

# 第 7 章

# 产品化是什么

## 7.1 如何理解产品化

一般而言，产品化就等同于“做一个产品出来”。一个被实现出来的产品，可能来源于真实需求的驱动，即“需求产品化”；也可能来源于人们对过剩资源整合利用的需求，即“资源产品化”。对于一名产品经理来讲，“产品化”的工作无论以何种方式驱动，其本质都是通过将需求与资源二者进行匹配，再生产出可行的产品的过程。

**真实的需求×可用的资源≥可行的产品**

从原始人开始，人们就开始有了“产品化”。以“需求产品化”为例，原始人为了抵御寒冬，就会去寻找蔽体物，他们偶然试了试树叶、毛皮，发现效果不错，竟然给自己带来了温暖。可问题来了，这些捡来的蔽体物在形状和大小上只有少数能满足需求。为了让更多人能够抵御寒冷，原始人开始动起双手，尝试改造零碎的材料，“衣服”的概念逐渐形成。这就是衣服的产品化过程，源于真实需求的驱动而产生。

所有产品的产生，都是先有需求吗？

并不尽然。人们经常有了一些资源后，才思考这些资源可以怎么使用，可以用来满足哪些需求。这种由资源寻找需求，并生产出相应产品的过程，就是我们说的“资源产品化”。

最典型的资源产品化就是技术产品化。一些资金雄厚、研发能力强的企业或高校，在竞争的激化下提出技术升级（比如纳米技术、石墨烯技术、5G 技术等），让新的技术与产品结合，实现由技术升级推动产品创新。

商业逻辑无外乎如此，要么你有资源去寻找为此买单的客户，要么你有一批客户并且发现了他们的需求点，然后研发产品满足他们。

当然，除了“技术”外，可被产品化的资源还有很多。比如“知识”产品化后，成为知识付费产品。

资源产品化在本质上是由混沌的事物（比如技术、服务、知识等），向有边界的事物的转变。有边界即代表着该事物具有模块化的、可被理解的、可交易的、拥有明确使用方法的、与用户之间签署协议的特点。

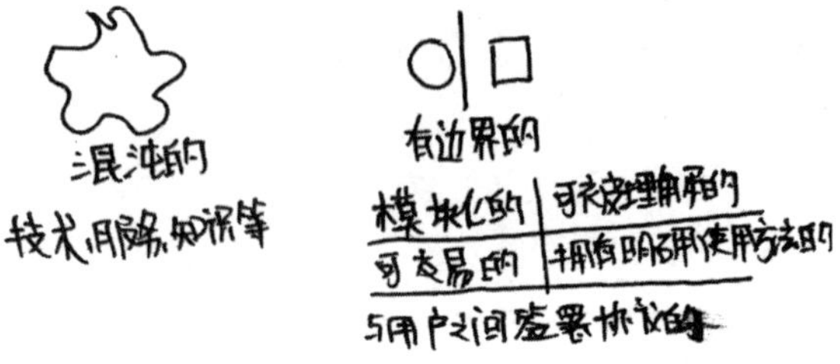

这个过程如果用一个英文单词来表示，那就是 package。你可以想象一下，当你从超市的货架上拿下一袋华夫饼时，你可以看到它的包装袋的正面画着这个产品的 Logo，写着品牌名字和计量单位。在它的背面，你可以看到它的配料、营养成分和生产信息、食用方式等。

华夫饼正面的产品名字、品牌、计量方式

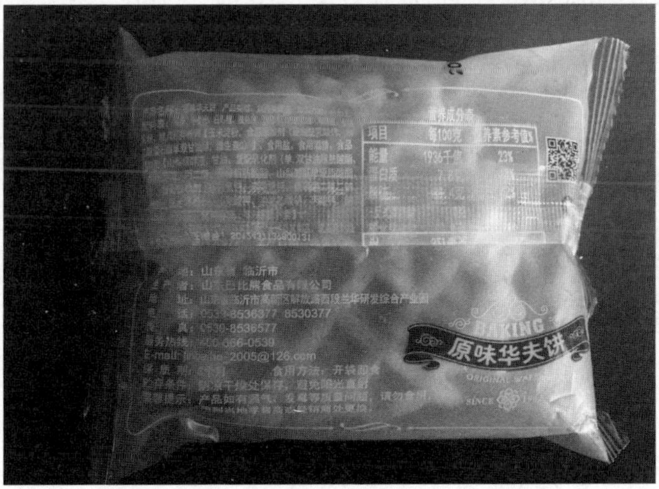


华夫饼背面的配料、营养成分、生产信息等

一种服务经过产品化后，也应该有类似的包装。

（1）一个好听又好记的名字和简短有力的描述

（2）服务内容包含什么（配料）

（3）服务流程（食用方式）

（4）服务程度（量）

（5）优势（营养成分）

（6）联系方式及服务者信息（生产信息）

（7）明确的价格

当你想购买华夫饼时，从包装上就能够非常清楚地选择有所偏好的一款。而服务被如此打包后（产品化），同样能让顾客从众多的同类产品中清晰地辨别出来，以方便他们选择和购买。

在完成了“package”这个过程后，产品开始进行试卖并随后正式投入市场。产品化和商业化是一个往复循环的过程，产品经理通过持续满足新的需求，而进行产品化工作，随即产品投入到市场销售，从前端的销售到后端的供应链管理渠道搭建起来，产品开始商业化阶段。

产品经理需要在产品化阶段就想清楚产品如何开始商业化。这时产品决策的最大矛盾就是应将研发资源重点投入到快速获利的营销、销售需求上，还是投入到长期价值的打造上。前者的需求目标往往在打造用户的短期信任上，以吸引付费用户。而后者在短期内只会带来更多的成本增加。因而在所难免的情况是项目组的产品方向被营销、运营、销售人员带着走，产品人员难以从长期价值上去主导产品的发展。

过于注重获取用户的短期信任，而忽略长期价值的打造，会导致产品在初期由于大力推广而产生假性繁荣。很快，产品因为缺乏长期价值，用户留存率下降，并伴随着口碑下滑，用户减少，产品很可能会快速走向灭亡。

从策略上来讲，产品经理需要做的决策是先要通过用户测试，明确产品的价值并得到认可，再考虑推广。如果过于急切地去推广，那只是空投资源。

从用户选购产品的心理模式来解释这一思维，我们称之为用户的“二层消费”。

大多数商品都采用的是前向付费模式（先付钱，再使用）进行交易。那么我们想一个问题：产品还没拿到手，就能让用户愿意付费的关键在于什么呢？

答案是信任，这种信任一般来自两个方面。

第一个方面是对于标准品的信任，如果别人评价这个产品好，那么我买来的是一模一样的产品，也不会差到哪里去。

第二个方面就是需要商家通过营销手段，说服用户，以让用户产生对产品临时性的信任，从而进行首次消费。我们称之为“为营销所促成的购买欲望买单”。

信任可以来源于多种维度。而多数产品的信任来自背书，也就是关联性信任。比如某产品所在的公司是一家靠谱的公司，该产品推广的渠道便是有信任度的，推荐给我的人也便是有信任度的。

一旦用户使用了一段时间，在二次消费时，用户会更多地考量“为产品的价值买单”。

在本节中，我们所指的产品化，均是以“用户的二次消费”为目标，打造长期的产品价值。而非通过营销手段，大肆夸大产品价值，从而进行短期“圈钱”的行为。这个思路告诉我们，创业初期虽然资金很重要，但仍然应该结合打造产品的长期价值来规划产品。

我们以在线教育为例，推广在线课程的商家，会尽可能地说明在线教育的好处，节省时间、金钱，有很好的互动效果。部分家长可能会在销售人员的说服下，尝试这些高科技带来的学习方法。在这种情况下，家长可能就是“第一层”消费，即产生“购买欲望”。

就连家长自己，可能也还没意识到，家长对于在线教育的互动性体验其实并没有什么需求，而真实需求是孩子能够在学习上提高分数，或者学习能力得到提升。在线教育产品在技术上的提升，倘若不能为家长的需求提供帮助，可能导致的后果是，价格上涨，而家长不愿意为之买单。或者在上市初期能吸引大量用户买单，但不能长久维持。这就是很多技术实力较强的在线教育产品销量很惨淡的原因。

用一句话来总结对产品化的理解：产品化就是指通过匹配需求与资源，以用户的“二次消费”为目标进行的产品生产工作。

## 7.2　3次MVP产品化流程

在写这本书的时候，我开始四处找产品经理为这本书提建议。有一个建议让我思考了良久，一个产品经理说：“你谈到的产品化流程太完整了，在实际的工作中，流程糙得很，毕竟项目组总是被要求快速上线，哪有时间实践这么完整的流程呢？”

我告诉他，实际的流程我们都很清楚：首先找到直接竞品，然后模仿竞品做整体设计，最后结合自己自身优势及资源思考产品化方案。

但问题是，在产品开发及上线维护等更漫长的产品流程里，有些前期工作的缺失，会给工作带来更多的麻烦。比如我们疏于在产品策划的起初，为产品划定一个“界限”，导致后续来自运营、销售、直接客户等四面八方的需求应接不暇。需求方都会强调其所提需求是相当重要紧急的，如果缺乏一个产品界限，就会“什么需求都接，却无法快速满足任何一个需求方”，从而导致各方抱怨重重。

当产品团队碰了壁，依然要回过头来，为产品明确一个清晰的需求界限，即明确什么样的需求不接，什么样的需求可以接。越是在项目前期做这样的工作，越能减少后期因需求过剩而导致的方向混乱，还能避免团队把宝贵的时间和人力投入在了不必要的需求上（造成大量的资源浪费）。

很多环节在初期看上去没什么用，但是事实上这些环节是不可或缺的，在后期遇到的很多麻烦，都可能是这些看上去不重要的环节造成的。如果我们能为自己设定一个长期的目标，就可以有效地防止那些“紧急但不重要”的需求来干扰我们的生活了。这也是为什么很多人很忙碌，但效率不高的原因。

所以在本书中我们依然坚持提出一个足够完整且实用的产品化流程，它被分为了 6 个阶段。为了降低项目成本，流程中会涵盖 3 次不同的 MVP 验证。为了方便说明，我们为这个流程起名“3 次 MVP 产品化流程”。

### 1. 第一阶段：创意输出阶段

在第一阶段，我们做的第一件事就是要找到一个值得深挖下去的创意（点子）。当然，是否“值得”，在这个阶段多是从经验、资料收集等来判断的。在这个阶段，你要做两件事：第一件事是提出想法；第二件事是绘制“餐巾纸草图”。

“餐巾纸草图”是一种能让创意变得可视化、可分享的低成本展现方式。在这张草图上，只需要简单阐述这个创意是什么，并画出能表现创意的图案，不需要描述具体的运作细节。

会员超市餐巾纸草图

要鼓励团队成员画餐巾纸草图，并讲述草图上的场景意义。结合团队成员的经验和已经收集到的信息，针对每张草图进行可行性探讨，最终只保留一张草图作为团队进一步尝试的创意。

有的人问：“不是先找到一个用户群体，再去想能为他们做什么吗？”其实在现实产品生产中，要么是先有了一个不错的点子，驱使我们将它落地产品化；要么是已经对某一类人群提供了一项产品服务，再推出新的产品服务。无论是前者还是后者，都不需要先去“找到”某一个用户人群。

### 2. 第二阶段：用户画像阶段

“第二阶段就画用户画像，是不是有点太早了，连数据都没有呢！”

你没看错，用户画像在第二阶段就开始了，但它与产品上线后，通过数据分析得出的用户画像不同。在这一阶段，用户画像的目的是针对目标用户进行初步了解，而这些用户可能与上线后真实的用户群体特征有一定偏差。有时候就像打猎，瞄准的是一只兔子，而实际却打中了一头鹿。在第二阶段，我们还是要把目光对准“兔子”。当然，我们先要根据第一阶段的点子，来初步确定目标人群。

这个阶段的用户画像可以用三种方式绘制。

第一种：收集竞品用户的信息，可以通过访谈、在社交平台上搜集用户对竞品的反馈、第三方数据统计等方式来进行收集。

第二种：访谈直接或经常接触用户的人。比如为一家美容店绘制用户画像，就可以通过前台及服务人员进行了解，向他们收集具体的信息。我们把每一个典型用户都写在便签纸上，最后整理出产品的用户画像。

第三种：根据心理学、人类学知识，了解目标人群的群体特征。比如当我们说产品面向的是高收入人群时，我们可以总结出，高收入人群在购买产品时的群体特征。这一般要咨询行业专家，或主动收集资料。

比如，一些机构会专门出一些调研报告或者论文，一些心理学、社会学的期刊也会有相关的数据和报告，多了解一些对我们的工作还是很有启发性的。

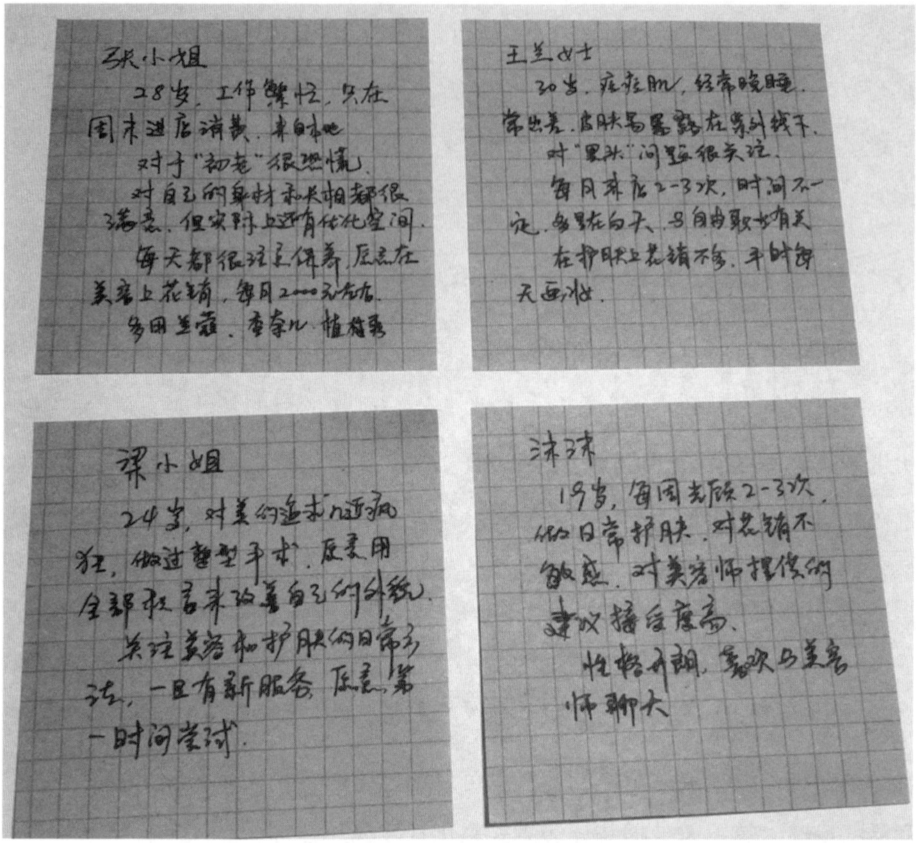


在描绘出目标用户的用户画像后，我们要与第一阶段中所产生的点子对照一下，想想目标用户人群是否真的需要，这就要进行第三阶段的工作。

### 3. 第三阶段：需求收集与初步验证

虽然在这个阶段我们还没有产品，但是我们需要得到一个反馈：这个点子能不能被目标用户接受。所以，我们要开始做第一个 MVP 了。一般而言，第一个 MVP 基本上是一份 PPT，或者是销售的一张嘴，抑或是一个概念版视频、一份介绍资料等。

在有了第一个 MVP 后，就要找到第二阶段中所定义的目标用户。这些用户必须很好寻找，否则就不该有这个创意。

如果目标用户能感受到产品的价值，多数愿意买单，那么就值得继续做下去，否则就该就此止步，调整创意思路或重新定位用户群体。

我们团队在做一个帮助应届生就业的项目，当时就找了一些目标大学生做相关的调研。他们的肯定会让我们对做产品的方向更坚定，而且他们也会给出一些我们想不到的需求。比如有几个学生就提出在就业中希望了解一些就业安全的知识，这就是我们之前没有想到的。

同时，我们可以收集竞品信息、调研空白市场、考察竞争环境、了解竞品的发展情况和竞品提供的服务等。通过竞品调研可以侧面验证点子的可行性。

一个点子在经历并顺利通过了以上三个阶段后，基本上能成为一个可持续发展的创意，接下来就该定义产品方案框架。

### 4. 第四阶段：定义产品方案框架

经过前三个阶段，我们得到了一个靠谱的点子。现在我们开始制作方案。在这一阶段，我们的任务是回答一个问题："方案的边界是什么？"即做什么，不做什么。对于用户来讲，实现了哪些功能才算是MVP？

为了得到问题的答案，我们需要做三件事。

（1）自我分析：重点分析自己的优势和资源，这对于判断自己可以做什么非常有用。当然，最好能使用SWOT分析法来完整地进行一次自我分析。S（strengths）是优势，W（weaknesses）是劣势，O（opportunities）是机会，T（threats）是威胁。

（2）用户分析：罗列产品要解决谁的问题，问题是什么，并进行优先级排序，明确产品最核心的问题。这对于"产品不支持什么功能""资源向哪些模块倾斜"非常重要。

（3）产品定位：经过分析后，明确定义产品用户、产品优势、整体风格、解决的核心用户问题。并且，还要明确哪些服务是不支持的。没有边界的产品，往往会浪费掉大量的成本。

定义 MVP：基于产品定位，我们为产品的 MVP 进行更加具体的定义，以明确在目标用户的眼里，实现了哪些功能才算是 MVP。

我们看到，在这个阶段中，可以输出的最重要的结果是为产品功能、设计划定了边界，接下来的工作就是在边界范畴里进行产品设计。这也是很多交互设计师（在大型互联网公司里，产品经理和交互设计师是两类职位）需要从产品经理口中问清楚产品定位，并积极参与前期的用户调研等工作的原因。

### 5. 第五阶段：产品设计阶段

在第五阶段的开始，先构建产品的整体架构，因为产品在市场上“跑通”所需要的系统性框架要提前知道。

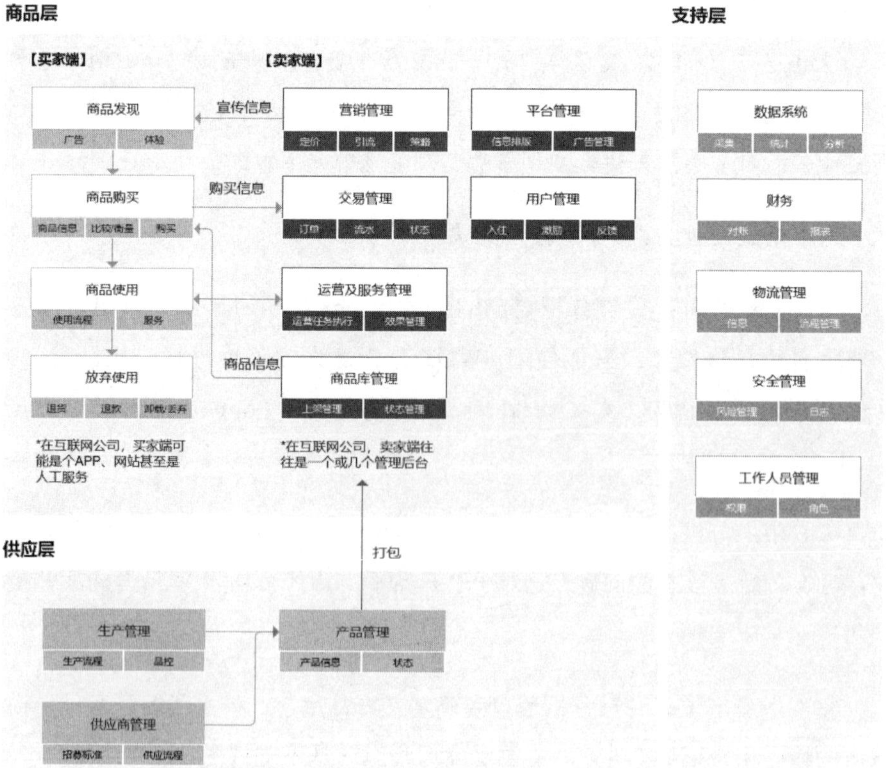

当然，框架图也可以按照模块框架进行梳理。框架的意义在于，让人在一个产品从 0 开始的阶段，就能预估出未来可能需要的团队规模、投入成本等。整体的工作最终被拆分成多个模块，每个模块需要单独指定负责人。在互联网公司，产品形态普遍是 App、网站和人工服务，那么就会有产品经理专门接管这一业务，负责相关的产品规划、细节设计及落地工作的跟进。

产品经理接手负责了一个模块，首先要搞清楚的问题是这个模块在整体中的作用、意义和模块的设计目标。接下来，就要开始梳理整个模块的流程了。但不建议画流程图，因为会很容易陷入自己的设计想法中，而忽略了“你是在为人类设计产品”。所以我们需要通过“用户故事地图”，来描述用户在每一个环节中需要做的任务，以此来明确每一步需要实现的功能。“用户故事地图”就是讲述用户要在产品上所完成的环节，每个环节又要详细讲述用户具体要完成的任务，一边讲述一边把它们记录在便签纸上，比如在细化“用户登录”这一环节时，就可以这样梳理。

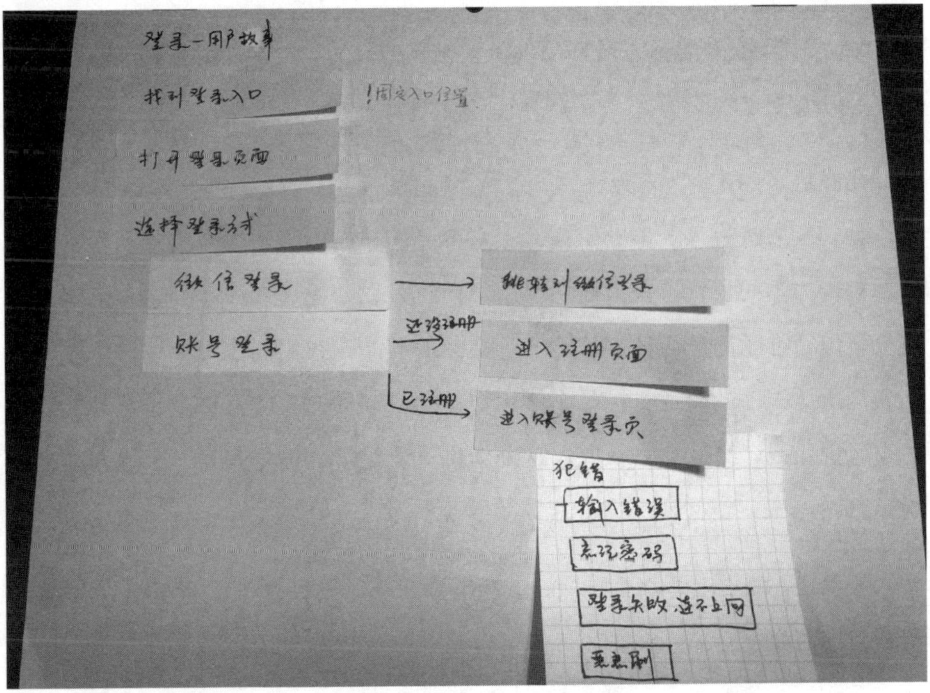

注意，在这个小地图里，几乎每一步都以动词开头，这是为了强调整个节点都是用户的实际动作所产生的。接下来，我们从“要做什么”“为谁而做”以及业务目标来综合衡量，落实成图纸上的交互设计稿，然后根据交互设计稿得到视觉设计稿。

这时候我们几乎可以从视觉设计稿中看出产品被生产后的样子。那么接下来，我们进入一个非常重要的阶段：第二次 MVP 验证。这次的目的是验证设计方案是否能得到用户的认可，以及第一阶段对 MVP 的定义是否准确。通过将高保真原型给用户测试，最终得出的结果可能是：缺少了某个必要的功能，用户在执行某个任务时感到有困难，用户在使用中有非常“不爽”的地方等。这时要做的就是 MVP 方案和设计方案的调整，直至没有以上明显的问题。通过第二次 MVP 验证，进入到最后一个阶段。

### 6. 第六阶段：样品实测，完成产品化

“完成产品化”的标志是产品的价值被用户认可，也就是用户愿意花钱来购买产品。

在经过了两次 MVP 验证后，到这个阶段，产品化成功的概率已经很大了。生产者一般愿意投入更多的资源，去将产品的 MVP 版本生产出来。为了防止后期宣传成本的浪费，在大量招募用户前，一般要先进行样本测试。也就是寻找少量但精准的用户人群，体验一下实际的产品，我们视之为第三次 MVP 验证。这次 MVP 的验证目标是了解用户想拥有产品的欲望值有多少，且愿意花多少代价（钱、时间）去获取。这个信息对于定价、销售方案、服务方案都有指导意义。

可以说，经过上述六个阶段，生产出来的产品已经具备了 PMF 的基础，即契合市场需要了。

广义上来讲，MVP 可能只是一段介绍概念产品的视频，以测试用户是否对这个产品感兴趣，从而判断产品是否需要被商业化。

而此处，我们谈的是狭义上的 MVP，也就是只包含了必要功能的初期产品。它就像一辆只有框架和轮子的车，是一个仅仅能跑起来的“交通工具”。

## 7.3 为用户任务找到最优解

某公司系统管理员设计网络监控及报障平台时，向我们咨询平台设计建议，我告诉他们：“我需要了解你们当下的工作流程。”他们急切地告诉我，“你千万别按照现在的流程来设计产品，我们希望这个新的工具是用来改善我们当前的工作流程的。”

这让我恍然大悟，其实人们往往不是很明确自己真的需要什么，所以从用户那里收集到的伪需求总是很多。但是他们却对自己不需要什么非常清楚。就像这位系统管理员一样，可以用充分的理由说出需要我为他解决的问题（以下为部分举例）。

问题 1：网络出现故障，经常要派人去现场查检才能定位问题，从发现故障到完成修复，至少要半个小时，效率非常低。

问题 2：员工的电脑连不上网，其实原因往往就那么几种，解决办法也很简单，但因为很多员工无法自行解决，管理员就要周而复始地去解决这些简单的问题。

当将所有要解决的问题归类梳理后，它们总能被归为四个字，即降本、提效。

很多工具类产品存在的价值，往往就是通过实现这四个字的效果为用户提供完成任务的最优解。

在这个案例中，以上述需要解决的“问题 1”为例，“任务”是指一旦网络出现故障，网络管理人员就要立刻排查并解决问题，而现有的执行任务的方案是派人去现场查检。如果我们为网络管理员提供一个“最优解”，那应该就是可以通过系统工具自动排查部分问题，从而降低管理员的工作成本。

针对“问题 2”，用户的“任务”是什么，“最优解”可以如何设计呢？大家不妨自己来思考一下。

为用户任务找到最优解的过程，就像是在解一道电阻电路题。比如下面这幅图，当 $S_1$ 关闭时，电流的路径只能是 $S_1$—$R_1$—$R_2$，但是如果 $S_1$ 和 $S_2$ 同时关闭时，电流就会选择 $S_1$—$S_2$—$R_2$，原因很简单，因为这条路线的电阻更小。

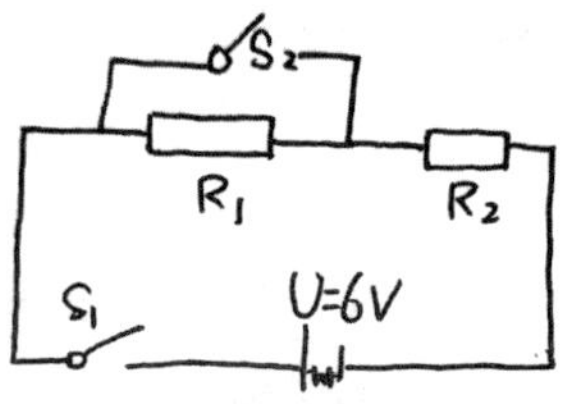


做产品，其实就是在打造一个“$S_2$”。所以，我们要知道用户原来的“阻力”，并为其搭建一条阻力更小的路。这个过程在产品化上可以用三个步骤进行表述。

第一步，了解现有任务的目标及流程，找到影响目标达成的因素。

第二步 ，梳理解决方案。

第三步，推出方案，明确实施阻力和助推器。

为了说明这三个步骤，让我们一起回到支付宝成立之前的时间。当时，对于电商来说收钱就是最大的痛点。

在当时看来收钱无非两种模式。第一种，客户通过邮政汇款等方式将钱打给商家，商家在收到钱后发货；第二种，商家先发货，然后客户收到货物后再打款。

第一种方式无疑增加了客户购买的门槛，要知道，在那个年代哪怕是本地商家也没有让客户先买单后看货的道理。但是，第二种方式会极大地增加商家的成本，而这两种方式正是电子商务中的“电阻”。

所以，在相当长的一段时间里电子商务都是 B2B 的。因为商家与商家的大宗商品交易有相对成熟的方式来规避问题（比如承兑汇票）。

那么，优化方案是什么呢？

淘宝搭建“$S_2$”的办法是搭建了一个第三方支付平台。信任问题是商家与用户之间的核心问题，既然大家彼此不够信任，那么就搭建一个能让大家信任的第三方平台。平台先和银行合作，以银行的信誉和风控能力作为背书，成功地获取了用户的信任（关联性信任）。再让用户在交易中先将钱打给第三方平台（支付宝），由第三方平台通知商家发货，买家确认收货之后，再由第三方平台支付给卖家。这种方法一直被沿用至今天。淘宝能成功有很多原因，支付环节的优化是其获得成功的重要因素。

在淘宝推出支付宝以后，用户为了能在淘宝上买到东西，开始替换掉原来的支付方式，比如银行卡、Paypal 等。

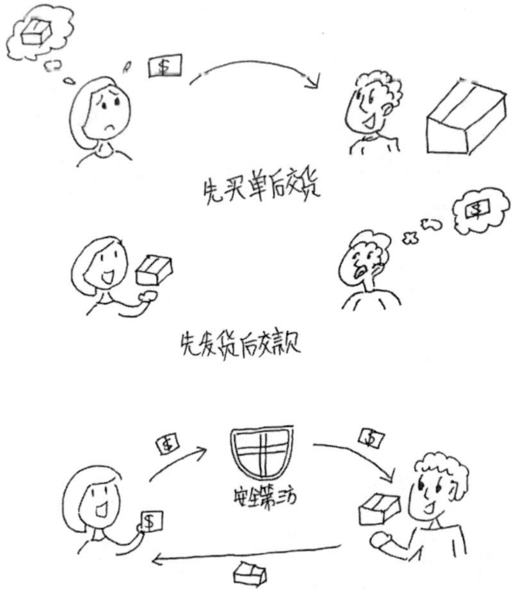

## 【行动指南】

如果你是一位家庭老师，现在有一个学生非常努力地在学习，但是成绩仍然提不上来。家长希望你能提供有针对性的、个性化的家教服务，你会如何梳理这个教学方案？

**相关知识点：**

为用户任务找到最优解的三个步骤

**思维指南：**

【多维思考】影响一个孩子学习的因素有很多，不要只了解孩子哪部分知识没学好。如果孩子就是厌恶学习，那么你要做的工作可能得先从心理辅导开始。

【千人千面】为用户搭建“$S_2$”一定要符合实际情况，让其能够愉快地接受。一些传统的办法不一定适合每个孩子，要灵活微调。

**开始行动：**

试着把这个项目产品化，从 0 到 1 着手完成。完成从 0 到 1 的三步，发现孩子学习成绩提升慢的核心问题，找到适合产品化的痛点，提出价值主张。看看你有没有学会这三步法。

# 第 8 章

# 产品化与系统思维

## 8.1 系统思维的含义

我们可以这样理解“系统”这个词：将多个模块按照一定的逻辑顺序组织在一起，以便完成指定的、统一的任务。

在一个系统中，模块与模块之间通过一定的逻辑关系连接起来，一个模块出了问题，就很有可能影响到其他模块。“系统思维”是一种意识，它是一种认知到“当一个产品能够运作起来时，它是一个通顺的系统”的意识。

对于“系统”认知最深的一次是因为一个朋友生病，他一直咳嗽，去了好几家医院做检查，肺部、呼吸道、咽喉都没事，最后终于找到病因：胃炎。由于胃部发炎而引起胃酸挥发，刺激了咽喉，从而导致咳嗽。

我突然灵机一动，人的身体不正是我们每个人接触最多的系统吗？

如果把我们的身体比喻为一个产品，为了保障它能够运作起来，身体组织之间就必须相互关联、协作。它们有两种协作关系，第一种就像五官和大脑，五官先完成信息采集的工作，大脑才能进行信息处理。第二种就像手和脚，一个人想要爬，需要手脚并用。

总结来说，一个系统的多个部分，必须依靠某种逻辑连接起来，以共同完成指定的、统一的整体任务。而这“某种逻辑”就包括时间逻辑和链条逻辑。

接下来我们来谈谈这两种逻辑。

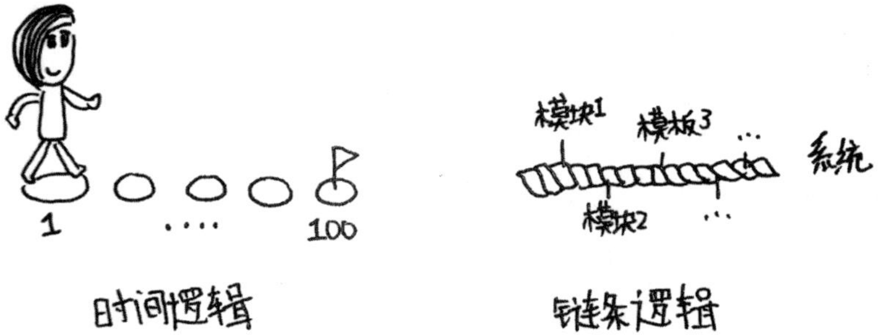


### 1. 时间逻辑

时间逻辑就像人走路，想要完成 100 步的目标，就需要完成前面的 99 步。如果用户要在某个产品上完成一个任务，就需完成一定的步骤。清晰的步骤引导，明确的任务目标，是一款产品的基本要素。

你的生活一直充斥着因时间逻辑而形成的系统。比如学习英语的过程，无论是单词→语法→语句→段落的学习路径，还是训练语感→基础知识学习的学习路径，都属于“系统化的学习”。

再比如，当我们的目标是“三年后买一套房子”时，我们很可能会定下一个以时间逻辑为基础的系统化目标。比如第一年存款 10 万元，第二年增加存款 20 万元，第三年增加存款 25 万元，然后订下一套首付 55 万元的房子。

时间逻辑组成的系统要求我们先明确一个“100 步”的系统目标，然后从第一步开始迈出，逐步逼近，直到完成最后一步。

### 2. 链条逻辑

链条逻辑就像是“拴在一根绳上的蚂蚱”，系统之间的各个模块虽然没有明确的先后顺序，但只有共同运转起来，才能完成统一的目标。链条逻辑的原则是链条上的模块功能缺一不可。

以 ATM 机为例，ATM 硬件设施、用户端存取程序、ATM 管理员后台、小票纸、钱等模块必须同时具备，才能有效完成工作。

在由链条逻辑组成的系统中，当模块缺失时，为了系统能运作起来，链条中的关键任务会通过其他模块代为执行，保证功能仍在。比如缺少一只胳膊的人，为了能穿衣吃饭，就会锻炼出用另一只胳膊或者腿来完成任务。眼睛失明的人，为了能保持对危险环境的警觉，耳朵会变得更加敏锐。

郑也夫先生对此的核心总结就是“递弱代偿”。代偿效应在生物界非常常见。不过事实上对于系统来讲，每一个代偿的出现都将使整体变弱，也就是代偿无法超过原有的 100%，这就是递弱。

很多创业公司的员工都有过这样的感受：因为人员不充足，所以分工不够细化，感觉自己什么都要干，像一个多面手。

一个产品想要运作起来，模块之间往往也都是同时存在时间逻辑和链条逻辑的。你可以试试，任意找一款产品来分析一下，就非常清楚了。

分类是为了更方便理解。真实世界的多数系统都不是单一逻辑的，而是一个复杂的系统。它们往往不是一个变量和另一个变量的固定关系，而是牵一发而动全身的多变量关系。

## 8.2 为什么说产品化是个系统性过程

### 1. 任何功能的运作，都是系统性工作的结果

在为一个需求想到一种方案时，你的大脑里就应该放映一部影片，影片的内容是“用户如何使用你的方案来完成自己的任务”。这个影片符合真实情况吗？它有多大的概率会发生？

这种以终为始的思路，本质上就是产品设计中的系统思维。因为任何功能的运作都是具备系统性的，只有清楚产品如何在用户群体中健康地运作起来，我们才知道如何构建它的模块以及模块之间的关系。

举个例子，有一次，一名客服向产品组提了一个需求，“做一个常见问题（FAQ）的集合页”。因为他发现用户提的问题很多都集中在固定的几个问题上，而且这样的集合页几乎每个产品都有。

但这个方案真的能降低用户咨询同类问题的次数吗？

于是我们帮他做了分析。

常见问题并不等同于使用说明。除非用户在发生问题前，就通读这些常见问题，从而来避免发生问题时的手足无措（这样做的用户很少）。在发生问题时，多数用户都选择直接找客服咨询解决办法，因为这更简单。

我们能预想到，无论是什么样的情况发生，这样的 FAQ 页面都极少能起到作用。

这名客服大义凛然地辩解道：“用户用不用是用户的事，可我们做不做，是不是就是我们的态度问题？”

这可能是很典型的造成产品化失败的想法了。产品化的方案无法真正满足用户，在合理预设下难以被运转起来，但却“必须做”。

其实解决这个问题的方案不少，比如通过客服机器人来实现自助解决问题，在问题频出的产品页面做出提示，在出现问题时做出及时引导，或者直接“治本”，避免产品出现此类问题。

以上例子是想告诉你，在针对需求提出一个解决方案时，如果能够以始为终，以用户能使用起来为目标来进行设计，你的方案会截然不同。要知道，任何功能的运作，都是系统性工作的结果，我们往往设计的不是产品，而是用户处理任务的过程。

有的时候，客服部门反映最多的并不是最致命的问题，因为那些遇到致命问题的客户可能都不会打电话，而是直接放弃使用产品。我们看到的往往是“幸存”下来的客户，这个叫作“幸存者效应”，这也是实际调研的重要性。

## 2. 产品的发展是系统性的

产品从 0 到 1，再从 1 到 N 的过程，就是一个以时间逻辑为纽带的系统化发展的过程。产品经理要明确每个阶段的关键任务是什么，这样才能顺利地走到下一个阶段。

在管理学中我们称之为关键要务。也就是在一段时间内我们最优先要解决的问题，其他的事情都应该为其让路。如果不抓住关键要务，我们可能会在各种需求中疲于奔命，但是效果却极差。

第一，以走一步看一步的思路来做产品，很容易走进“急功近利”的“坑”。

我们在一些失败的项目组中都有过这样的经历，不知道当下干什么最重要。比如在创业起初，其实本来就还没到快速、大量盈利的阶段，这时候最关键的任务是把产品在市场上“跑通”。可是有些带头人偏偏喜欢揠苗助长，忽视产品发展的系统性原则。在第一阶段任务还没完成的时候，就急于把着眼点放在盈利上。

它导致一个结果：产品的收入数据难以呈现稳定向上的发展曲线，而是不健康的抖动曲线，只在搞活动时上扬。当然，大部分创业者也不希望如此，这种压力往往来自“生存”。比如担心在创业半年后，投资人对还未盈利甚至回本的新创团队逐步失去耐心。所以在还未找到产品方向的前提下，就迫于压力先达到盈利指标，团队的工作就会开始盯着大屏上的交易数据去调转方向。急功近利的问题：做着做着，就不知道自己在做什么了。

在具体项目中，我们往往要先处理紧急事情和重要事情之间的关系。产品方向和产品目标是最重要的。功能性需求有时候是紧急的。它们之间冲突了怎么办呢？科学的做法是先做重要的事情，如果做完还有时间可以再处理紧急的事情。否则，重要的事情也会慢慢变成紧急的事情。

产品过度关注营销需求，而忽略理应在创业初期对产品价值的打磨，用活动快速吸引来的用户，会由于产品缺乏持续性的价值而流失。好看的数据来得快，去得也快。

这时的产品团队就会像拉磨的驴，只会埋头苦干了。

第二，如果不能系统性地发展产品，而是走一步看一步，则容易走进“高成本试错”的“坑”。

很多产品经理搞不清楚“先有蛋还是先有鸡”。究竟是先有产品，再通过市场反馈来不断发展产品，还是先有产品发展规划，再把它生产出来。

一味地蒙眼做产品，把选择留给市场，显然是不明智的。一个缺乏调研、战略规划的产品，通过先做出“一个能用的东西”，确实能够节省项目前期的时间，然后尽早地进行市场试错。但这样做又很容易走入另一个泥潭：因高成本试错而造成产品失败。

高成本其一：新产品上线后，始终找不到方向，反复改版导致的成本浪费。几经周折之后，产品团队会倍感疲惫和焦虑。产品负责人要投入更多的精力在团队组建成本上。

高成本其二：有的新创公司资金丰足，不关注人力及硬件成本的浪费。由于前期缺乏规划，也没有明确开发成本的重点投放领域，一味强调“先把产品做出来再去试探市场”的做法，往往造成更高时间成本的付出。

这就像你面前有无数条看似可行的道路，但只有其中几条路可以到达目的地。这时，你会用穷举法，通过快速尝试，试图尽早找到通往目标的路呢？还是先花点时间，计算出最可能的几条路，再进行尝试呢？

如果你有足够的运气，穷举法确实能更早地找到路。但在选择比较多的情况下，我们还是建议采用后者，以降低试错的时间成本。

高成本其三：产品一旦上市，用户就不会去谅解产品的不成熟了。没有任何一个用户愿意成为验证产品的实验者。不成熟的方案会带来低口碑，这无异于增加产品后续的宣传和客户关系维系成本。

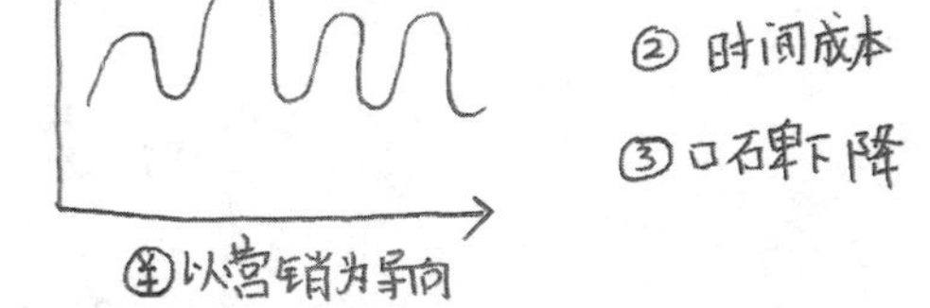

## 8.3 缺乏系统思维的表现

搭积木是一个需要系统思维的典型工作。比如搭建一个城堡，你先要设计一个时间逻辑策略，是先搭地基再逐层向上搭建，是从屋顶顺延向下搭建，还是先搭建好几个子模块，再将它们组装在一起。

而基于链条逻辑，你需要确保构建城堡的必要模块和特征的完整。缺少房顶、门、窗中的任何一个，都构不成一个城堡。

任何一个系统，都是由多个模块组成。缺乏系统思维就往往表现为：无法将一个复杂的系统化问题拆解成模块，并逐一处理每一个模块，再将这些模块通过某种关系连接起来，以完成共同的目标。

在表象上，缺乏系统思维，会表现为思维不够灵活，难以承担重要的、复杂的职责。缺乏系统思维也是很多人的通病。

作为一个产品经理、生产者、产品设计者，如果你出现以下的情况，就要培养一下自己的系统思维了。

还是用积木搭建一个城堡为例，有系统思维的人，在动手之前大脑会先有一个目标，再按照一个时间逻辑策略完成搭建。

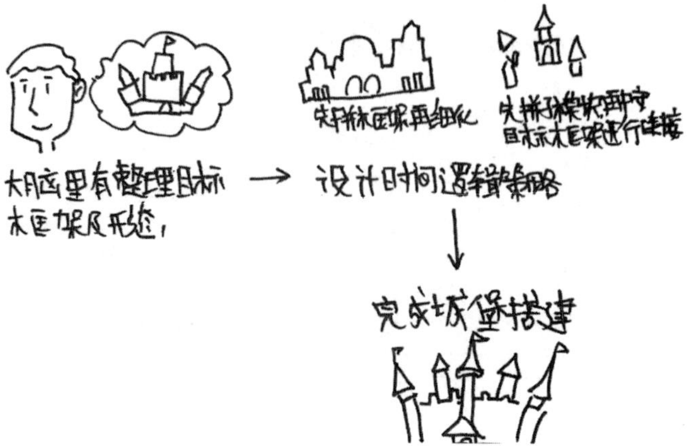

缺乏系统思维的第一个表现，在大脑里还没有整体目标及框架时，就急于动手搭建局部模块。

比如，“城堡肯定要有个大门”，然后就立即开始搭建。搭好了门，又想到旁边也得有一扇窗户。依此思维逐步搭建完成，城堡最后的形象完全随机，甚至都未必能真正搭成城堡的样子。

在实际的工作中，这种情况其实很多见，不少团队领导对于长期规划嗤之以鼻，理由是：还是踏实一点，解决当下的生存问题吧。

生存问题的确不容小觑，就像读完童话之后，还得回到生活中面对柴米油盐。但这并不代表你只能苟活度日，而不期待诗和远方。

不能谋万世者不足以谋一时，不能谋天下者不足以谋一隅。

缺乏系统思维的第二个表现是，因为不敢制定长期目标，所以干脆就没有目标，走一步看一步。一个优秀的产品经理，会把目标放在重要的位置。举一个例子，我曾在有道负责过新手大礼包的产品设计。当时推出了一件入学礼手札和一件校服，为了配合运营策略，两种产品被分别装进了两个盒子。但是发货怎么发呢？是分成两个快递，还是装进一个更大的纸箱里？

后来我提出了一个目标：必须要一起发出！否则用户要接收两份快递，成本高，用户体验也不好。于是大家基于这个目标，很快就想到了策略。

如果没有一个目标，或许我们就不知道该走向何方，当我们被目标限制起来，反而知道如何前行了。

这让我想起了初中时，在一次放学的公交车上，听到一位同学高声议论：“你听说了吗？××以后要考A高中？就他？！”说这话的时候那位同学满脸的不屑。他继续说：“我可不像他，我比较有自知之明，我就考B高中，不会想那些不切实际的。”

而真正实际的是，他口中的这位没有自知之明的同学，从初一到初三，整整三年都在逐步接近A高中，成绩一直在提升，最后如愿考进了A高中。而当初笑话他的这位同学，始终自视自己就那么高的水平，也确实没有提升，最后以刚好过线的成绩，进了B高中。

我们并不是在讲一个励志的故事，而是告诉读者，定长期目标并不等于“不切实际”“浮躁”“不落地”。拥有系统思维的人，敢于制定一个长期目标，然后将其模块化地拆分成短期目标。

长期目标的存在，就像是一种信仰。你相信它，为它筹谋规划，能让你感受到当下的工作意义。

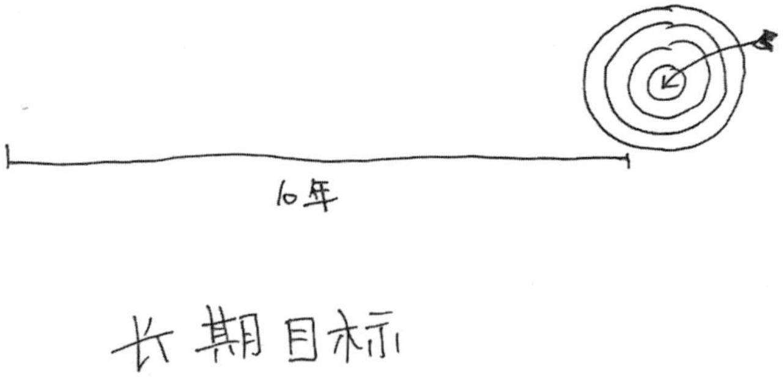


第三个表现，当团队管理缺乏系统思维时，很容易出现权责混乱，团队抗打击能力差的问题。因为缺乏系统思维，也就意味着你不能把一个整体分割成清晰的模块，让每个模块各司其职，并通过一定的协作关系，完成整体任务。

一个技术团队的负责人跟我抱怨说，在他们项目组中，人人都要做销售。原因是部门总监觉得现在的销量情况不佳，必须动员全部人员加入销售队伍。

不得不说，这样的管理方式，会让团队变得很脆弱。销量问题可能只是系统性问题的表象，深究原因可能是产品本身缺乏竞争力，或者售前服务流程不健全等导致。通过中央调配资源的方式，集中化解决一个问题，就可能忽略背后真正的问题。而与此同时，部门各组织的问题，也会因为资源（资源可能是时间、人力、资金等）被调走，而无力解决。最后很可能销售问题并没有真正解决，团队却被拖垮了。

全民营销是很多公司，尤其是老板喜欢的方式，因为它看上去最省钱。但是事实上，把一些不擅长营销的人送去做营销，不是“二次利用”，而是资源浪费。大多数岗位的人，底薪都比销售要高，他的精力是有限的，做了 A 就会放弃 B，所以全民营销会引发越来越多的问题。如果真的要做全民营销，不如把所有团队开掉，全换成销售人员来得好一点。

好的系统具有反脆弱性，而反脆弱性的关键在于每个模块各司其职。当局部出现问题时，不是每一部分抽出人手，转职去协助出问题的组织，而是各子组织将自己做得更好，更强大，以弥补其整体中的不足。这就像当眼睛失明时，耳朵并不会变成眼睛，而是耳朵更加强大了，能感知到更细节的环境变化，以弥补眼睛的缺失。所以当销售量出问题时，并不是要把每个人都变成销售人员，而是从组织的角度思考，自己做什么，能提升整体的销售量。

模块之间通过共同的目标、信息共享而系统化运作。检验一个产品是否经过了系统性的设计，就是检查一下零件是否缺失，每个零件是否能独立运转正常，零件之间的连接处是否完好。

## 【行动指南】

后悔小时候没好好学英语了吧？以你当下的情况为起点，系统规划英语学习的计划。

**相关知识点：**

时间逻辑和链条逻辑

**思维指南：**

【基于自己】我们习惯去模仿高手的学习计划，其实高手的学习计划未必对你有用。在做学习计划前，你需要充分地了解自己，包括现在的个人状况、可以为之付出的时间及金钱投入等。要相信自己也能做出最符合自己的高明计划。

【明确动力】就像人们购买减肥产品需要驱动力，学习英语同样需要，明确学习的驱动力是成功的基础。

**开始行动：**

制定一个计划，然后按照时间逻辑和链条逻辑分别梳理一下，看看有没有可改进的地方，最后评估一下改进后的方案和原来的方案比较有什么优势。

第 9 章

# 产品化相关的其他思维原则

## 9.1 双向选择：不是所有用户都是上帝

一个喜闻乐见的买卖双方关系，并不是卖家把所有用户都当成上帝，而是筛选出最有价值的用户，把服务资源向其倾斜。相对而言，一个买家应该寻求于自己而言最有价值的产品，而不是凭着冲动购物。生产者与用户只有共同找到了最有价值的彼此，才真正能构建长期双赢的关系。

我能想到的最悲哀的事，莫过于本来产品价值连城，却被人弃如敝屣。

其实卖得最好的产品多数都不是“最好的”产品。

在我读过的故事里，就有两间最显悲哀的屋子。

一个是试图把梳子卖给和尚的企业家，他拥有这世界上最好的梳子，可却无法养活自己，于是每日躲在空空如也的家里哭泣。

他的核心问题在于“找错用户”了。

不同的用户所带来的价值是不同的，低价值的用户比比皆是：他们有的人几乎没可能消费你的产品，只会在你四处发放小礼品时“薅点羊毛”；有的偶尔免费使用，从不会付费，却向你提了许多需求，然而即使实现了，也还是继续只用那几个免费的功能；但也有高价值的用户，他们是产品的忠实粉丝，只要产品上新，就会立马入手。

对于生产者来说，定位目标群体的重要意义在于找到对产品而言最有价值的用户。而不需要盲目满足收集上来的、夹杂着低价值用户的需求。

第二间屋子里住着一对热爱生活的情侣。每当看到广告上宣传得天花乱坠的产品时，就迫不及待地买回来。他们认为这些产品都能让他们过上美好的生活。但久而久之，他们发现大部分的产品都不是他们所需要的，即使这些产品对其他人可能很有用。

他们就像生活在充满废弃物的垃圾场上，却憧憬着拥有了这些产品后的生活是美妙无比的。

你可能已经指出他们的问题：买错东西了。

对于用户来说，最让人恼火的就是一个产品在做推广时燃起了自己的消费欲望，但在拥有后，却发现产品并没有足够的价值。产品很快成了一种比垃圾更让人觉得麻烦的东西：累赘。扔了可惜，存着又占空间。

鸡肋，食之无肉，弃之不舍。但是现代社会人们对产品只要“食之无味”就会马上抛弃，比如很多不常用的 App 会被无情地卸载。

产品与用户的关系，就像是写故事的人和他的读者，是一种双向选择。写故事的人并不需要取悦所有的读者。而读者也不会选择所有的故事。两者之间具有相互选择的关系，这种关系就像找工作、找对象。它的关键是，卖方只有不把所有买方都当作上帝，才能保证产品能充分满足高质量的买方。

现实生活中所有成功的作家，往往都不会去取悦读者。他们往往都只是想写出自己想要的东西。而往往迎合读者的作家，其作品往往“死”得很快。

不是不重视客户诉求，而是要保持一个度。所有的诉求都是建议，而决策应该自己综合考虑来决定。

我曾在易信（网易推出的一款社交 IM 产品）有过一段工作经验，让我对“卖方应该筛选买方”颇有感触。当时易信推出 PC 版，很多用户留言反馈说“PC（电脑）版怎么没有朋友圈”“建议增加朋友圈”等。当时我觉得很奇怪，朋友圈更适合移动客户端，以便于人们随时随地拍照并分享到朋友圈。但是用户使用 PC 版往往为了快速完成指定的任务，比如为了将手机上的照片传到电脑上，或者为了工作需要频繁地与对方进行文字沟通等。

根据当时的线上数据，PC 版用户的单次登录平均使用时长不超过 10 分钟，用户基本上完成任务就离开，目的性很强。

在这样的情况下，人们还有多大的动力在 PC 版上使用朋友圈呢？

基于这样的疑惑，我一一给这些提出者打了电话，询问他们提出这个需求背后的想法，并了解他们对易信的实际使用情况。这些用户的回复大概分成这样几类。

第一类：没有想过自己会不会在 PC 上使用朋友圈，就觉得这个功能在手机上常用，PC 版就应该支持。

第二类：看到别的产品有，所以觉得易信也应该有。

第三类：随口提一下，因为提建议可能获得奖品，也没想到提别的意见。

这些人极少使用易信，提出需求只是为了参与“有奖提出反馈意见”的运营活动。也就是说，他们虽然提出了这个功能，但基本也不会成为该产品的用户。

我将这个调研结论分享给团队，但可惜并没有得到团队的重视，在看似强烈的用户呼声下，PC 版的朋友圈功能上线了。最终的结果是预料中的惨淡，根本没多少人去使用。

后来我常常想，倘若当初不是把时间、精力花费在开发朋友圈上，或许我们在文件传输、打字聊天上能够做出更多的创新，为用户提供更适合 PC 版的产品价值。

这次失败的决策，其症结就在于没有对用户进行筛选。不少产品经理的工作流程是，将反馈留言中的用户需求整理到一个表格里，用以说明用户提了哪些问题或需求，然后仅仅根据相同需求的次数，就决定优先级，例如这样的表格。

| 序号 | 反馈内容 | 反馈人 | 反馈时间 |
| --- | --- | --- | --- |
| 1 | PC 版上应该增加朋友圈功能 | 137****8234 | 6 月 3 日 |
| 2 | 没有朋友圈 | 130****1187 | 6 月 3 日 |
| 3 | 表情包能再丰富一点吗 | 131****4063 | 6 月 4 日 |

如果统计结果是这样，那么我们可能理所当然地认为，在 PC 版上实现朋友圈功能，要比丰富表情包更重要一些。

可实际上，提出表情包的用户因为经常使用 PC 版，所以希望有更好的聊天体验。但提出朋友圈需求的用户，反而是不怎么使用易信的人。

这样看来，如果不能识别哪些需求来自最有价值的用户，就很可能导致产品做着做着就“跑偏”了，还会浪费不少成本。我们可以先找到最有价值的用户，然后再针对性地向他们收集反馈意见。或者在收集到的反馈里，找到重点问题，并进一步询问提出问题的用户，判断他们是否是高价值用户，他们的提议是否值得参考。

亚马逊和好市多等公司开始专注研究会员的需求，他们直接提出只服务于会员的经营策略。这是因为数据显示这些公司八成以上的收入来自会员。好市多甚至不服务非会员，也就是全部收入都来自会员。在未来，服务会员可能会是一种趋势，淘宝 88 卡、银泰 365 卡、盒马 218 卡都是这种思维。从关注大众需求到关注小众需求，从考虑多数客户的需求到考虑高净值客户的需求，这将是未来企业服务的一个方向。

关于对高价值用户的判断，我们来介绍一个思维模型——RFM 模型。

RFM 模型是计算用户价值常用的工具，其中 R(Recency)表示当前距离用户最后一次访问的天数（或月数）；F(Frequency)表示 12 个月内（也可以自己定义时间区间）用户消费的次数；M（Monetary）表示用户一共花了多少钱。

我们可以先定义 R、F、M 对于一个具体产品的含义。比如对于一个酒店来说，R 定义为用户最后一次离店距离今天的天数，F 是一年内到店的次数，M 是历史消费总额。

然后通过数据统计的方式，将每个用户所对应的 RFM 都列出来。如果没有自动统计程序，也可以做一个 Excel 表格。

| 用户 ID | R | F | M | 分数 |
|---|---|---|---|---|
| zhangsan | 7 | 6 | 5000 | 4+3+2=9 |
| lisi | 20 | 3 | 20000 | 2+2+4=8 |
| wangwu | 8 | 5 | 3000 | 4+3+1=8 |
| zhaosi | 6 | 6 | 40900 | 4+3+5=12 |

对 R、F、M 的评分标准分别作出定义，举个例子：

| R 值分段 | 得分 |
|---|---|
| 5 天及以内 | 5 |
| 5～10 天 | 4 |
| 10～15 天 | 3 |
| 15～20 天 | 2 |
| 20 天以上 | 1 |

| F 值分段 | 得分 |
|---|---|
| 1～2 次 | 1 |
| 3～4 次 | 2 |
| 5～6 次 | 3 |
| 7～8 次 | 4 |
| 8 次以上 | 5 |

| M 值分段 | 得分 |
|---|---|
| 3000 及以内 | 1 |
| 3000-5000 | 2 |
| 5000-10000 | 3 |
| 10000-30000 | 4 |
| 30000 以上 | 5 |

计算出来后，列表中的 zhaosi 是对这家酒店价值最高的用户。也就是说，他的需求是格外需要重视的，酒店甚至应该进行重点回访。

高净值客户才是我们应该服务的重点，他们对产品更忠诚，能为产品或者公司创造的价值更多。这不是歧视，是一个正向反馈机制。那些高价值客户虽然数量并不占优势，但是他们的意见才是应该思考的。所以很多调研从付费用户中进行，因为他们才是服务的目标。不是每个客户都是上帝，那些能给更高价值的才是上帝。这不是势利，是企业应该尽职的义务。

RFM 模型的用途其实非常广泛，读者不妨结合自己更加熟悉的产品，将其相关数据套用到 RFM 模型中，找出最有价值的用户。

## 9.2 建立约束：建立产品原则

有一句老生常谈的话，是这样说的“不忘初心，方得始终”。它讲的是人要有自己的原则、信仰及心态，在经历了成功或失败之后，也不忘自己的原则及信仰，也依然保持最初的心态，只有这样才能获得最终的成功。

产品团队作为一个集体，也需要有自己做产品的初心。在产品从 0 到 1 的过程中形成的团队共识决定了产品团队做什么、不做什么。团队在矛盾的需求中做决策时，回到初心（回顾产品原则），往往就能做出正确的抉择。

### 1. 制定产品原则有什么用

产品原则能快速解决团队的内部争执。假设你们遵从一条产品原则叫“对用户诚实”，那么当团队里要给一个简单、基础的功能，起一个名不副实的夸张名字时，就是不符合产品原则的。团队之间就不需要为这个名字而产生争执。

### 2. 如何制定产品原则

制定产品原则可以从这样几个方面考虑。

（1）制定用户服务的价值观。比如“小组是成员的私人领地，管理员尽量不要干涉”。

（2）制定对“好产品”的共识定义。比如“少即是多”。

（3）制定做产品的态度。比如“拥抱变化”。

（4）制定产品思维共识。比如“数据导向”“MVP 原则”。

（5）制定优先级原则。比如“效率至上”。

产品原则约束着团队成员的思考，具有“软强制性”，是做产品的根本法则。它决定着什么重要，什么不重要。它是一套价值评判框架，帮助团队做出正确的决策。

企业文化和公司愿景都应该是在员工遇到问题时可以指明方向的一个灯塔。史蒂芬·柯维讲过一个故事，一艘行驶的军舰，发现了前面的浓雾里有灯光，于是发信号说：

“我们正向你驶来，建议你转向20度。”

“建议你转向20度。”

“我是上校我命令你转向。”

“我是二等水手我建议你转向。”

“这是军舰，你现在转向。”

对方回答：

“这是灯塔。”

### 3. 为产品原则评定优先级

注意我们通常还要给产品原则评定优先级。当两个原则针对一个具体事务产生冲突时，我们就需要依照产品原则的优先级来评判。比如拥抱变化和稳定性原则都是我们的产品原则，在稳定性不受影响的情况下，我们当然可以兼顾拥抱变化。但有些情况比较复杂。比如双11活动我们将迎来大量用户，如果在临近活动开始时，运营人员突然谈成了一项能带来更多流量的合作，但要求更改活动规则，要求立刻修改代码，这就可能导致产品在活动期间出现Bug。那么在这种情况下，我们是拥抱变化，还是保持稳定呢?这就取决于团队如何定义产品原则的优先级了。

我们也可以给自己制定产品原则，但切记不要与团队的产品原则发生冲突，否则工作起来会相当不顺。通过向其他成员传播个人的产品原则而加强协作效率，你的影响力也会得到提升。在协作的过程中，其他成员和工作结果都会对你坚持的产品原则作出反馈，这有助于你不断调整。对产品原则的重新定义，往往基于个人、团队的成长，还有环境的变化。

下面分享一下我在 0 到 1 阶段坚持的三个产品原则。

### 1. 原则1：以终为始

在策划初期产品时，要想象当产品成功时的样子，这样可以倒推出产品初期的样子。

### 2. 原则2：第一拨天使客户只找对产品有强烈需求的陌生人

不少团队在初期喜欢通过拉关系，找亲戚的方式招募第一拨用户。但他们很可能对产品的需求度不高，如果不是因为“私人关系”，他们未必会购买产品。然而如果让他们作为天使用户，就可能会在前期提出一些与真实用户不符合的需求。

看面子买东西，很可能是让你最丢面子的事情。因为他可能只是付了钱但是不会使用产品，反而影响产品口碑。

如果产品团队没有办法找到非关系用户来使用产品，那很可能是因为产品价值不足。在这种情况下，往往需要对产品各方面进行调整，直到有陌生人愿意消费产品。

### 3. 原则3：产品初期以形成明确的产品形态、商业模式为重，不过度追求收益

有部分团队，第一版的产品刚一上线，就忙着制定用户增长、留存、流水等 KPI（关键绩效指标）。在新创团队里，可能连商业模式都还没稳定下来，就要同时肩负着 KPI 重担。这可能会导致过度追求短期活动收益，而弱化前期的基础建设，以至于产品底子薄弱，产品价值始终提升不上来。

## 9.3 用户思维：关注“用户旅程”中的情绪曲线

在大多数情况下，当谈到“站在用户的角度去思考”时，这句话总让人摸不着头脑。我做教育产品时，几次听到销售反馈，“用户对我们 App 的稳定性表示忍无可忍，可下一分钟却发现用户付费了。”还补充说，“你们这个教学体系还不错。”用户的感受和想法，像个多变的晴雨表。而感知及了解每个节点用户的情绪，是作为产品经理的一项重要课题。

我们可以用“用户旅程”来拆解用户的行为和情绪，以帮助我们更清晰地“站在用户的角度去思考”。比如下文的“用户旅程”图，是我在杭州某家照相馆拍照后简单绘制的。它分为行为路线和情绪曲线，也就是在去照相馆拍照的整个过程中，作为用户的我，经历了哪些过程，在不同的节点中的情绪有怎样的波动。

如果每个用户都能为这家照相馆留下这样一张图，那么照相馆在优化服务时，就可以着重优化大众用户情绪波动大的环节，抑或是将情绪高点时的服务打磨至极致。

从环节 1 到环节 7 是一条整体上升的曲线。这个曲线代表着，当用户经过了一次完整的旅程后，对产品的评价比体验前的预期更好。如果评价低于预期，曲线整体是下降的，用户就很难会选择复购。相反，如果是最终的体验高于预期，用户就有可能会选择复购，甚至帮忙宣传。

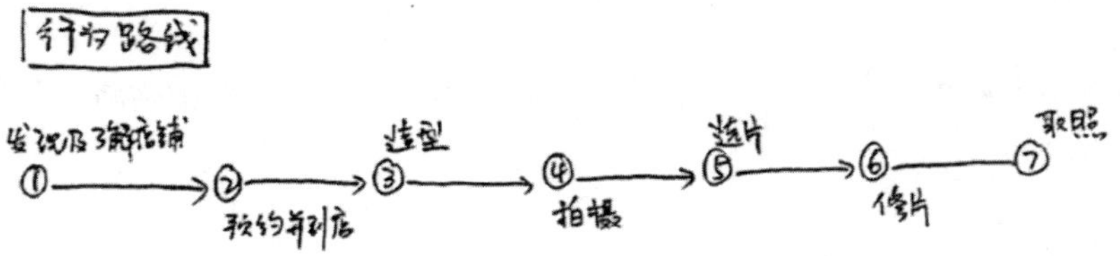


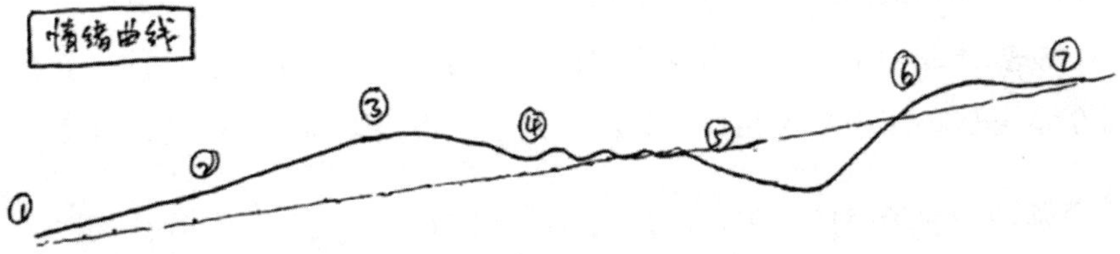


关注用户旅程中的情绪曲线，最直接的用途就是可以找出用户的“峰终体验”，并着重去打造“关键时刻”。

那么，情绪曲线究竟是怎么画出来的呢？为了详实地说明这个问题，我以用户的角度，来谈谈我对产品体验情绪的洞察。同时，我也以调研人员的角度，向店员咨询了照相馆核心用户的特征（主要为用户群体的年龄层次、拍照偏好、主要用途等）。这条曲线只能代表一部分用户，但只要多做调研和分析，就能对大部分用户在整个环节的体验有更全面的了解。

行为路线节点 1：发现及了解店铺

发现产品是用户旅程的起始站，这一站的目标往往是要让尽量多的目标人群知道产品的存在。

我发现这家照相馆，是因为它曾在网易食堂门口的空地上做过宣传。很巧，那几天我正想拍形象照。我是个很懒的人，所以看到这家照相馆，就像是“喂到嘴边的肉，自然就吃下去了”。

在什么情况下，会感觉产品被送到了“嘴边”呢？自然是不用动就能看到产品。比如，产品就出现在上下班的路上，出现在吃饭时坐的桌子旁，出现在正在看的网页上。

因此当我们想尽办法让用户发现产品时，本质上是在研究如何将产品送到用户的“嘴边”。

行为路线节点 2：预约并到店

由于照相馆的预约程序做得很正规、舒适、简洁，这个过程情绪曲线是上升的，所以我经历了一次非常愉快的预约。同时这家照相馆给了我一个启发：产品的服务应该在用户接触产品时就开始，而不要等到用户交完钱再开始。

我从活动现场扫描了照相馆公众号的二维码，在公众号里预约流程清晰而且顺畅，大概只有两三步就预约好了。拍摄前一天，我收到了公众号发出的拍摄提醒，除了提醒我拍摄时间、门店地址及拍摄内容，还附上了关于服装、妆容、身体状态的建议（请在拍摄前保持睡眠，并在拍摄前一晚避免过度饮水导致水肿）。为了拍好一点，我都照着做了。

此外，从页面导航上随时能找到我此刻最关注的信息，尤其是门店地址、我的订单、拍摄须知。

所以，所谓“流程清晰”“低门槛”，其实就是发现用户旅程中用户要做的细微任务，并创造舒适、便捷的体验。

情绪曲线变化：

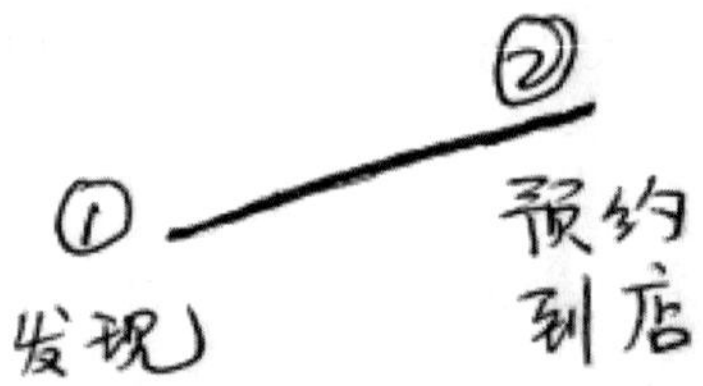

行为路线节点 3、节点 4、节点 5：造型、拍摄、选片

在镜子里看到做完造型的自己，我觉得挺好看，对这次拍摄信心满满，所以做完造型，情绪曲线达到了高点。可是接下来的拍摄和选片，却没有想象中那么美好了。

情绪曲线变化：

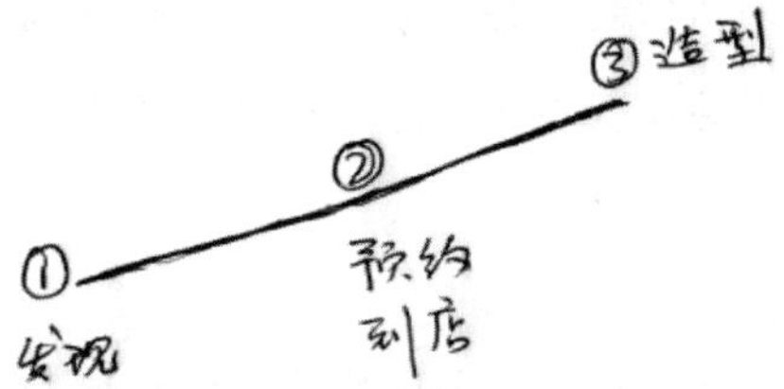


在拍摄过程中，摄影师会告诉我要自然一些，可我很少拍照，不知道该用什么方法让自己自然起来。摄影师虽然指导了几个动作，可我还是自然不起来。偶尔，摄影师会说你表现不错，这又会让我颇受鼓舞。所以拍摄的过程，我的情绪曲线是上下波动的。

情绪曲线变化：

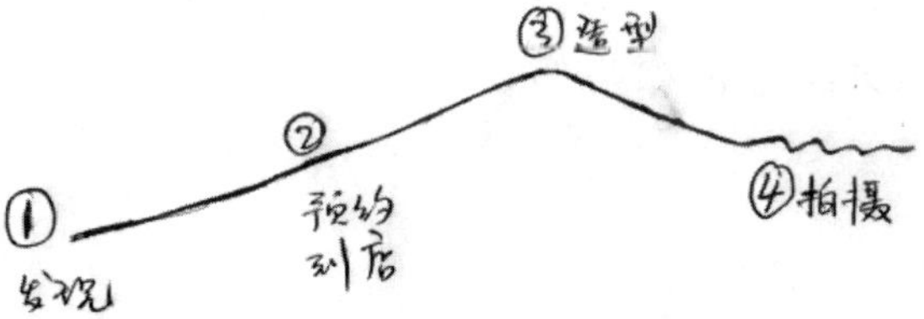


拍完一组照片后，摄影师领我到电脑前选片，这个过程我的情绪几乎跌到了最低点，我发现照片中的我，没有我想象中好看。

从造型、拍摄到选片的一路，我的情绪曲线在波动中一路走低。当然，绝大多数的照相馆，都会遇上这个问题，而且都难以解决。如果想打造最终好的用户体验，后期修图就一定要“过硬”。

情绪曲线变化：

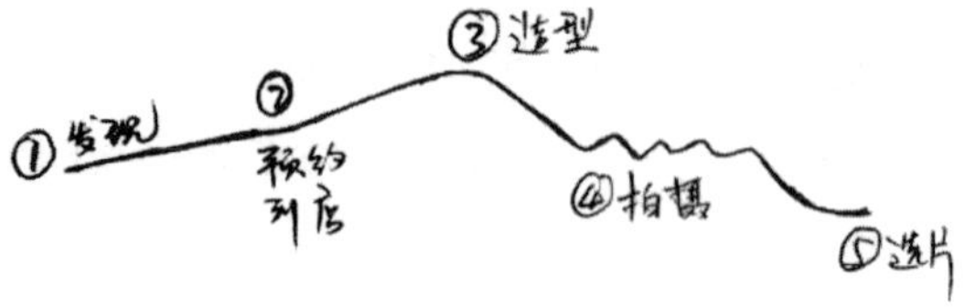


虽然如此，我还是建议在用户情绪曲线的低洼处，商家要将用户旅程拆得更细一些，在细节处做一些体验提升，从而优化客户的情绪曲线。而在情绪曲线高点，要巩固良好的服务体验，让对应的环节成为产品的显性优势。

行为路线节点6、节点7：修片、取照

当收到照相馆发来的样片时，这个样片让我倍感惊艳。我迫不及待地把还带着水印的照片分享给我的几个朋友，他们说，“不错，钱没白花。”

在用户旅程的最后阶段，我的情绪曲线迅速高涨，我甚至开始后悔，怎么没再多花点钱，多选几张照片呢？此时我已经忘了选片时的低落情绪了。

这种现象叫作峰终定律，一个人对一项事物的体验只会记住最高点（也就是“峰”）和最后（也就是“终”）的体验感而忽略其他的感觉。所以如果想让一个人有更好的产品体验，可以在产品体验过程中设置一些小惊喜，在体验的最后给一个非常好的感受。

情绪曲线变化：

当我们说要“站在用户角度去思考”时，其实最重要的就是关注用户的情绪。用户很难说清楚自己想要什么，但情绪却是最直接的体现。情绪也是产品经理研究用户体验的入口之一。

## 【行动指南】

练习 1：

找到一个你最近购买的产品，回忆一下你自己在购买、使用它的完整用户旅程，找到让你体验很“爽”的环节。

**相关知识点：**

用户旅程

练习 2：

把你的恋爱或结婚对象看作是你购买并使用了一段时间的产品，回忆一下你的“用户旅程”，并评价在哪个触点是印象最深刻的？

**相关知识点：**

用户旅程

# 第4部分 Chapter 4

# 发展产品

战争可能是中国历史上使用楼梯（云梯）的第一个场景，在很漫长的一段时间里，人们都想象不到，在未来，楼梯会到处都是。但楼梯这个产品，却踏实地迈出每一步，一点点发展过来，就好像一切都已注定。

未来是无法准确预测的，但作为产品人，需要的是不断解决一个、一个新问题，然后继续前行。

# 第 10 章

# 产品在不确定中发展

## 10.1　寻找确定性：知识、资源、反馈

我们常会焦虑于产品在发展过程中的不确定性，而缓解焦虑的方法不是预测未来的能力（因为准确无误的预测几乎难以做到），而是“信任”。纵观整个职场，甚至社会，我们可以发现，当人们在发展中感受到确定性时，都是基于“信任”。比如在美国大选中，当民众选择了自己信任的总统时，自我感觉对美国的未来更有“确定感”。同理，当民众觉得新上任的总统不靠谱时，也会对美国后续的发展产生“怀疑”。

对于一名产品经理来讲，信任与自信往往来自一次次“小而确定”的成功。而那些知识面广、善于钻研、善于积累并关注反馈的产品经理，往往更容易获得一些“小而确定”的成功。

首先，关于知识，我想起丁磊先生分享过的一个故事。他曾在网上读到一篇关于社交关系的文章，觉得不错，就把文章的作者邀请到网易来工作。后来，此人成了游戏《倩女幽魂》的负责人，这个故事让丁磊津津乐道。这个故事的背后，揭示的正是我们看待知识与成功的关系。通常，掌握知识能促使我们更全面地看待问题，从而“想得明白”。

当你能向他人展现你拥有更多的知识（或经验）时，你也能获得更多的信任。产品经理的自信，有时来自“学得很杂”。因为产品经理需要跟进产品项目的前期调研、设计、研发、上线及后期推广的整个环节。这不仅要了解市场情况，也要充分了解用户情况，还要了解自身情况。产品经理能跟各种专业人士对上话，是自信的基本表现。

当然学习也不仅仅是为了自信，很多学科的知识和经验对于产品工作的确有指导意义。

比如，产品经理从认知心理学中学会的“可视性”，它要求设计者给用户提供正确的操作线索、让用户得到“操作动作的反馈”。而基于这一知识，我们就无须再对用户“是否在操作后需要收到反馈”进行调研了。

再比如，产品经理从经济学中学会的“需求曲线”，它告诉我们一种物品的价格与需求量的关系是：更低的价格意味着更多的需求量。那么我们就会在权衡收益和需求量上进行认真的考虑，而不是“拍脑袋想一个数”来定价。

当我们做社交产品时，社会学给了我们“间接社会关系”的启发。做电商产品时，可能需要用到供应链、营销等知识。

值得注意的是，这些学科还在“群雄争霸”，各个流派可能还未达成共识，甚至有些观点正好相反。所以在实际使用时，建议使用一些被广泛验证和接纳的原理和学说。对于那些尚有争议的“观点”要慎重使用。

优秀的产品经理应该广泛涉猎不同知识，这让他每一次对不确定性事件的思考都更有确定性知识的支撑，有力地说服自己和他人，从而收获信任。

其次，关于资源，我始终记得一位做教育产品的同事的一句感慨。“真幸运，我们招聘了一名教研同事和一名产品经理，前者能上镜录制在线课程，后者把课程拍摄流程摸索、打造出来了。”

资源是好东西。没有资源，即便在大型互联网公司，也有很多能想到，却难以实施的事情。

资源的多少决定能选择实现多大的目标。资金充裕就能够做更多的广告、雇请更“厉害”的高手。人脉资源丰富，就能获得更多的合作机会。

团队里面的任何一个人都可以做资源拓展的工作。比如商务拓展（Business Development，BD）是一个专职拓展合作资源的岗位。另外，运营人员可以通过不断积累渠道资源来提高推广渠道数量。技术人员可以通过梳理各种开源网站上的代码资源来提高开发效率和质量。对于产品经理来说，则可以通过促成不同产品之间的合作来促成产品的长远发展。

当然，每个人可以为团队带来的资源拓展也不止这些。所有的资源拓展工作，不仅利于团队的发展，也能促进个人的成长。我们应该定期梳理一下为了把任务做得更好，自己所需要积累什么的资源和目前已经拥有的资源。

接下来，我们说说“反馈”。反馈与知识、资源的关系是，只有关注反馈，知识和资源才能有的放矢。这里的反馈指的不仅仅是用户的主动反馈，也指市场变化，以及我们所观察到的用户行为的反馈。

反馈的重点是收集问题。有了问题，便驱动着产品团队利用知识与资源给出解决方案。因而，可以说反馈是产品发展的重要驱动力之一。张小龙在做Foxmail时，“大附件上传”的功能为产品收获了一大群用户。因为他注意到一些用户有视频上传的行为，但往往会因为上传文件大小的限制而碰壁。满足这一小小的需求点，就笼络了一大群用户，实在非常划算。而这正是得益于他对用户需求及反馈的关注，才提升了产品成功的确定性。

除了做产品，反馈的重要性也体现在自我提升上。我们知道每个健身房里都会安装镜子，在镜子前拍照的“肌肉男”，可能在几个月前拍过“微胖肚男”的照片。通过照片对比，就能了解这段时间的健身情况，甚至具体到某个部位的变化。通过镜子与照相机组成的反馈渠道，健身房的人精确地记录了自己的成长过程。

减肥最难的是减到一定程度就会有一个停滞期。即使你很努力减肥，体重下降的速度也会降下来，甚至停止。所以，此时要给自己一个其他方面的反馈，比如能跑更远了、能做更多的俯卧撑等。

显然，无论做产品还是过日子，关注反馈，都是提升确定性的手段。

最后，给团队及产品发展带来确定性，是不是产品经理的责任呢？

答案是肯定的。当我们能做出一个值得信任的决定时，往往是基于多维度的信息，再经过深度思考，自然形成的想法。如果说团队中谁有责任做出这样的决定，那么除了老板及中高层管理者，恐怕最合适的就是产品经理了。因为产品经理往往要跟进产品从设计、上线到维护的整个流程，是全团队掌握信息最全面的人。

而事实上，在一些团队中，产品经理是不占主导地位的。比如，在以销售为导向、运营为导向的团队中，团队整体的关注点主要放在每个月的用户量或销售额上，因此会出现销售或运营为主的需求，然后由产品经理“接单”并落地执行的局面。

凭借单一方面的信息做发展决策，容易造成“局面失衡”的状况，难以灵活应对未来的变化，团队就会产生一定的脆弱性。比如，因为过多追求营销类指标，而忽略产品自身能力的迭代，就难以抵挡竞争对手突如其来的新技术产品或体验升级的进攻。这是因为已经形成研发惯性的团队，是难以快速调头，去研究如何提升产品长期价值的。

产品经理需要时刻把握正确的方向，而不仅是做产品规划，或为规划做准备。

调研与做规划，对于一名产品经理来说是能够决定其工作结果好坏的重要环节。产品经理要经常问自己：收集到的信息是片面的？是已经包含了多个维度、可信的，还是需要再次验证的？

不确定性让人焦虑。为了找到确定性，最直接的方案就是想办法收集到足够的信息。

（1）我们如何对收集到的信息进行验证？

（2）哪些信息是不用收集我们就知道的？

（3）除了足够的信息能带来确定性，还有什么？

面对这些问题，最好的答案是掌握更加广泛的知识，积累充足的资源，通过反馈来发展、进化。

## 10.2 方向：理解目标，找到确定感

绝大部分的产品团队都会在每年、每季度、每个月设定产品目标。没有目标的项目团队，其运作情况几乎是无法想象的。

以前，跟公司某部门的一个业务组的主管聊天，问了今年他们的目标达成情况。结果这位主管尴尬地说："目标是年初定的，都记不清楚了。"

这并不是特例。倘若你再多问几个部门，很多员工会对目标是什么、如何达成以及达成情况不清晰。

造成这种现象的本质原因是并没有真正意识到，目标是能够帮助产品发展的。因而制定目标的过程流于形式，很多定下来的目标，其实根本不能被理解和落实。接下来我们要讲的就是如何制定能够被理解的目标。

以"将市场占有率提升到 30%""成为中国第一的××产品"这样的目标为例。这些目标看似具体，但实则难以说清楚 30%的占有率究竟意味着要做什么，成为中国第一要做到什么。当目标不容易被理解时，团队成员就会盲目地"拼"，变成"走一步算一步"的状态。虽然团队在努力，也有目标，但是发展结果仍是不可控的。因为不明确真正的目标，很可能就无法抵挡短期利益的诱惑，或者被一些看似新奇、实则无益的想法带着走。

大多数人在失去目标的时候都不会拼搏了，因为丧失目标往往意味着失去了方向。

如果目标是被理解的，还会有不良结果，可能需要对目标进行调整。倘若

能尽早发现原有方案的瓶颈，在冲击目标的路上，我们就能及时调整应对。

### 1. 用坐标轴将目标可视化

一个“有用的目标”，要可以被理解和计算。我们可以让目标变得更加“可视化”“数据化”，我们一般又叫量化分析。量化分析的结果是我们能最终得到一个可实现的、激励行动的小目标。

这可以使我们知道什么时候我完成了目标，而更进一步是我们能知道接下来要干什么，好的目标应该是可以直接关联到行为的。

我们可以通过坐标轴来完成目标的量化分析。比如，把“将市场占有率提升到 30%”拆分为用户量、流水、收入三个维度的目标，横轴作为时间轴，纵轴作为目标轴。以“用户量坐标轴”为例。

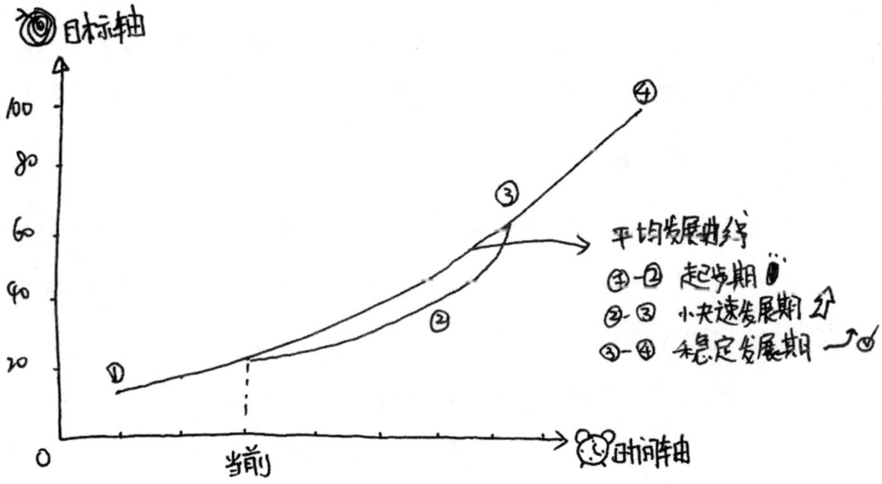


我们需要先定下一个目标达成的预估时间节点。比如根据调研，整个市场规模大约有 5000 万名用户，30%是 1500 万名用户。在产品上线后，计划用 5 年时间去实现目标。第一年计划获得 300 万名用户，分成前半年 100 万名用户，后半年 200 万名用户（仅为举例，需要按照实际情况拆分）。这个计划是从一个长远的目标倒推而来的。我们以 6 个月作为一个目标周期，步骤如下。

第一步：先将时间轴、目标轴上的节点画出来。

注意“当前”的时间不要画在时间轴的原点上，我们要看看在过去的时间里，用户的增速是怎样的，并将它与计划做比较。

第二步：将当前的点和目标点标注在坐标轴上，两点之间连接一条线。

这条线的斜度就代表着我们的平均发展速度，斜度越大，需要的发展速度越快。

第三步：将“当前”节点以前的增长曲线画出。

根据这条已经发生的增长曲线，我们可以预判是否能在 6 个月后达到 100 万名用户。如果可以，我们继续保持下去就可以；但如果无法达到，我们就要对产品做出积极的改变，进入到一个阶段性的“快速发展期”。

第四步：在“快速发展期”后，就会进入“稳定发展期”。最好的结果是，沿着稳定发展期的曲线，我们就能顺利在 1 年的时间里完成相应的目标。

### 2. 用公式理解目标

一个简单的、可视的坐标轴让我们看到，产品当前的发展速度和目标发展速度之间的差异，由此我们可以预先评估达成目标的风险。但这样的预估显然还不足以帮助我们精确地理解目标。

如果能把目标拆解得更细致，就能知道应该从哪些方面着手去实现它。我们以流水目标的制定为例。假设“流水”要达到 200 亿元。这次我们不直接把流水放在“时间—目标”坐标轴上，而是将它放在一个公式里，看看 200 亿元如何被计算出来。

流水=商品量（SKU）×单个商品平均访问量（平均每个商品页面的 UV）×单个商品平均转化率（商品购买量/商品访问量）。

根据行业情况的调研，可以得到相关数值的估算值。最后，采用倒推法，将流水拆分为这三个目标（SKU、UV、单个商品平均转化率），并将它们画在三个坐标轴上。

### 3. 面对目标瓶颈，选择调整或挑战

目标即便定好了，它也未必具有可行性。接下来，我们要做的事情就是对目标瓶颈进行分析。假如 SKU 目前是 1 万元，那么一年增长到 3 万元几乎就是极限。如果行业巨头的页面平均转化率才是 20%，而我们当下的转化率是 11%，在过去的一年时间里，仅提升了 2%，那么未来一年能提升 5%就已经是极限了。

人力有穷时，所谓极限不是不能再提高，而往往是想要再提高单一的数值已经不划算了。

至于商品页面平均流量，则至少要达到 4400 万人次才能保证上述的增长速度。问题就来了：一个商品页面是否真有可能在一年时间里收获 4400 万人次的访问量呢？这时就要考量“选品”。有哪些商品有这样的用户群体规模，而哪些商品根本不可能有。甚至要考虑是否有必要挖掘新的用户群体。

有的电商团队因为有大量的优质供应商资源，所以有能力在商品量上进行瓶颈的突破。无论从哪个方面突破，都是对“目标不可行”的挑战。

当然我们也可以选择调整目标，让它看起来更可行一些。毕竟，如果目标看起来就无法达成，就根本不会对人有激励作用。

### 4. 目标让团队有确定感

有时，你会听到一些人的抱怨：我加入××项目组这么久了，都不知道在干什么。为了让大家有一致的目标，项目组首先要做到的就是重视目标。制定目标并不是一种形式，它应该被拆分到每一个人的工作目标中（参考 OKR），从而让每一个人参与到挑战中来。一个企业之所以能快速发展，就是需要依赖这些独立的挑战者。企业通过目标的管理，让每个人都能成为企业发展的推动者。

## 10.3　产品面临的风险及如何应对

虽然风险始终都在我们身边，但很多人会选择“熟视无睹”。比如，为了好记而设置的简单密码；某公司高管用没有严格加密的电脑在五星级酒店传输企业机密文件；为了快速上线，产品仅进行简单测试就草草推出上市。

我们可以找到许多理由去忽视风险，尤其是资源紧缺的初创团队，“还不一定能活下来呢，考虑那么多风险干什么?”

有些风险的规避工作，对于一家初创企业而言确实没有必要。比如，仅有1万名活跃用户的初创产品，就暂时不需要过多地考虑当有1000万名用户时的稳定性风险，但却应该为用户量的快速增长做好应对预案。一味地认为“不是考虑风险的时候”只会让团队在面对风险时手足无措。要知道，你可以忽略风险，可风险却并不会因为你的忽略而消失。

提到风险，总会想到每次产品上线前，负责 QA（质量保障）的同事要进行的风险评估工作。他们会告诉项目团队：经过最后的测试，还有哪些 Bug（缺陷或漏洞）没有被修复，线上出现 Bug 的概率有多高，影响因素是什么。这种时候产品经理就要预先准备好应对方案。当然，如果风险较高，一般会选择延期上线。

除了 Bug 所导致的潜在风险，围绕着一款产品的风险还有很多。如 App 代码中存在的安全漏洞，这是安全风险。如果设计师经验不足，设计出的产品可能会被用户反馈说“不好用”，这是体验风险。允许用户生产内容的产品，也给了用户传播非法内容的渠道，这是内容风险。程序员权限很高，可以进行“删库跑路”，这是管理风险。

产品在生命周期的不同阶段，有着不一样的风险。这里所说的“生命周期”，是一个行业与产品自身发展的生命周期交叉在一起的。我们说一个行业的发展是一条抛物线（以电子邮箱为例）。

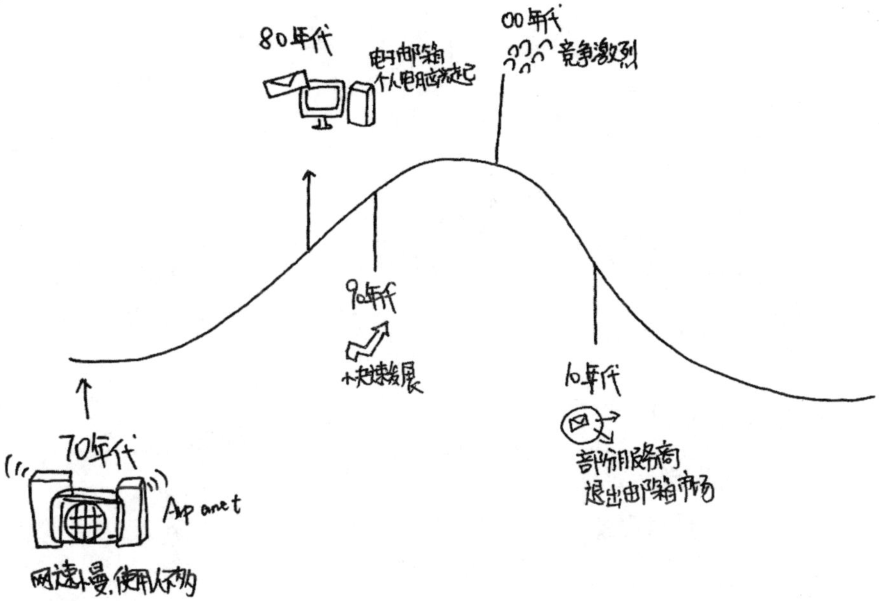


电子邮箱的行业生命周期

可想而知，一款电子邮箱产品在行业生命周期中的不同节点进入市场，其进入门槛自然不同。进入行业后，根据市场竞争情况，产品的发展路线也不同。产品本身的发展及生命周期，受到行业生命周期的影响。这种影响主要就体现在不同节点进入时，产品所面临的风险不同。

在行业初期，进入市场的产品往往是“创新”的“探路者”，市场前景不明朗，有时还需要培养市场（让产品被用户广泛接受，才能形成一个行业）。但是，“创新”的探路者可能发展不起来，其所积累的经验，所培养的前期市场，都为后来的竞争者“铺了路”。后来者因为有前人作为参考，决策更加稳健，蓝图规划、用户群体的定位和对自身优势的了解也更加清晰。对于探路者来说，这是一个不小的冲击。

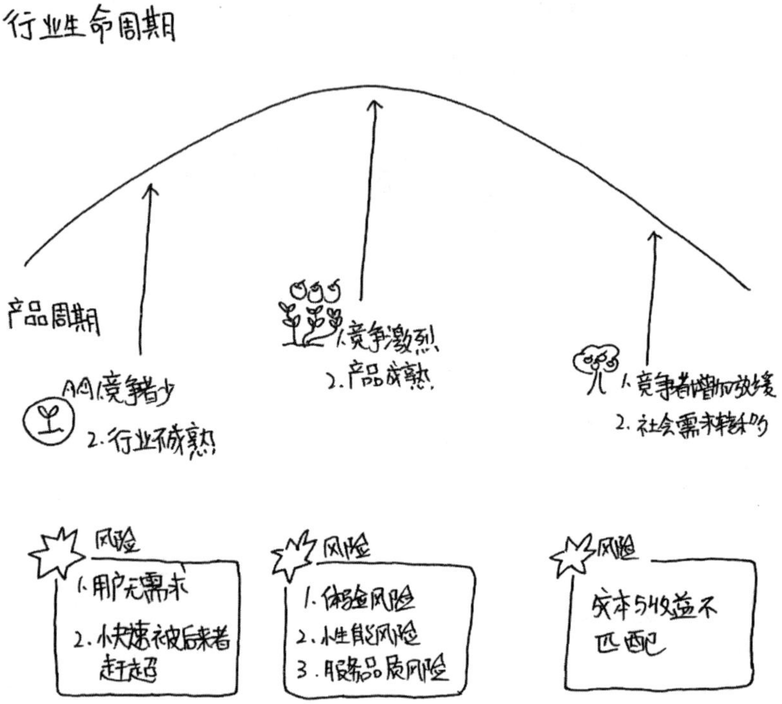


在越来越激烈的竞争中，企业也要花费巨大的成本去弥补自身的不足。在行业初期进入市场，由于需求抓得准，或者用户的好奇心使然，产品都能快速得到发展。但是随着两大风险的到来（市场没有真正培养起来、竞争者的威胁），一部分的企业开始走向衰落。

从快速发展，到走向衰落，时间相当短暂，有时甚至不超过半年。

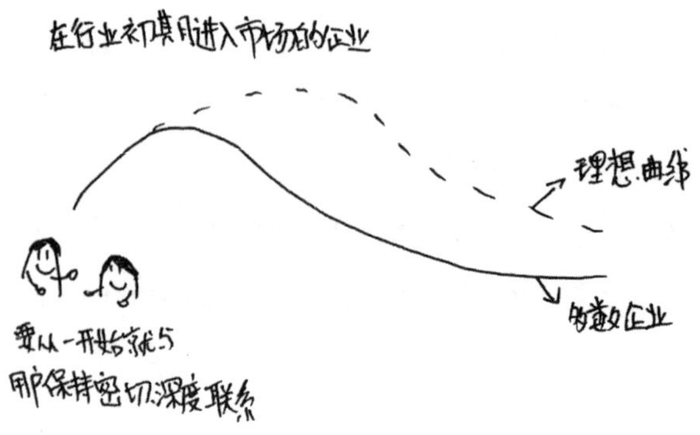

在这张图上，也画了一条理想曲线。如果一个产品能够成功抵御这些风险而生存下来，那么它就有更长的发展期了。我们要想的是，在生死存亡的节点上，究竟是什么样的竞品，会给我们的产品致命一击？

只要产品能“活”下来就一定有可取之处，有同业竞品存在，自身产品就一定有不足之处。

答案不是大公司生产的产品，而是能填补市场空白和满足用户核心需求的产品。只是在大公司，各种资源相对充分，更加容易做出这样的产品。

在产品快速发展阶段，随着行业的成熟，同质化现象愈加严重，竞争愈加激烈，产品进入市场所面对的风险更加多样化、细节化。可能仅仅因为某个产品功能的体验不够好，用户就会流失。以此类推，还有性能风险、服务品质风险等。当然，最大的风险还是同质化现象严重，即使产品做得很不错，也可能无人问津。此时的产品生存成本投入比行业发展初期的投入还要高。如果产品能生存下来，其生命周期和下图类似。

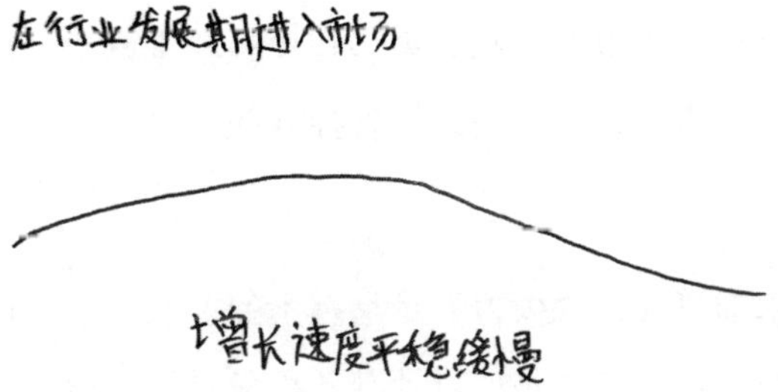


行业发展到顶峰阶段，相应地，产品发展速度变缓，而成本投入还是很高，利润开始下降。行业将进入下滑期，投入产出比低，用户增长乏力。

可以发现，在行业早期进入市场的产品，虽然会摸着石头过河，但对于初创企业来讲，确实非常友好。

产品无论在行业哪个阶段进入，都面临风险。抵御风险和变化的方法是与用户群体保持密切、深入的关系，快速地迭代产品并根据市场变化相机应变。

产品“风险管理”在运作中看似是一个又一个的产品决策，而实质上是基于数据的风险控制。

在不少大企业里，风险管理已经非常专业化、体系化，主要包括风险识别、风险预估、风险监控、风险控制四大部分。对于风险管理，讲讲其中重要的思维方式和解决办法。

第一，我们最容易犯的错误并不是故意忽略风险，而是根本看不见风险。这主要是因为数据种类和数据量都不充分所导致的。

风险是具有不确定性的，但是我们的大脑更喜欢确定的事物，所以我们对不确定性的考虑往往是被屏蔽的。

风险不会因为我们看不见而不存在。之所以看不见，主要是因为“不知道自己不知道”。比如盲目觉得一切的风险在当前阶段都不值一提，或者对风险的认知固化在“稳定性”上，而看不到其他可能的风险，或者因为初入行业，对行业风险并不知晓。

“看不见的风险”可以通过积累更多相关经验来解决，可以邀请行业专家来协助预估可能的风险，也可以请风险管控专职人员，用专业方法找到可能的风险。

第二，面对未知风险，“模拟”是最基本的方法。这个过程是通过收集和观察数据，对风险的发生进行预测以及准备相应对策。

大部分的岗位，都是通过模拟来发现风险的。产品经理通过组织 MVP 验证来发现产品是否满足预期的风险；设计师通过产品上线前的可用性测试来发现体验风险；QA 人员通过压力测试、冒烟测试、回归测试等，发现稳定性、可用性等多重质量风险。

这种方式也适用于我们的生活。比如在子女教育中，通过“模拟过马路”的小游戏，就能让孩子知道过马路不看红绿灯可能造成的安全风险。学生在大考前，通过“模拟考试”，让学生体验大考场景，为可能出现的临场意外提前做好准备。

模拟是对可能发生的事件的演练，是发现风险的基本的、通用的方法。

消防和地震演习可以挽救很多生命，但是需要我们认真去做。人们对于还未发生在自己身上的风险往往不够重视。

第三，处理风险的四种办法：规避、控制、分担、接受。

规避：主要用于处理那些人力难以控制的、发生时会造成直接且巨大损失的风险。

控制：当产品经理决定去掉一个功能时，“部分用户会抱怨”的风险时有发生，这种情况只有将可预知的风险尽量降低。比如，提前向用户发出通知、给予受损用户补偿等。

分担：分担往往意味着产品数据模块化的管理。比如服务器的分布式部署，能够应对用户量暴增而导致的服务器崩溃的风险。

大多数的金融行为，都可看作风险的转移或分担。

接受：当风险影响小时，为了“产品尽快上线”，团队往往会选择“接受“已存风险。但是，风险已经知道了，就应该想好应对措施。

有时候，规避风险要付出的成本代价其实很大。比如为了应对战争风险，几乎所有高层建筑都设有防空洞、人力发电设备等。因为成本高，所以风险管理常用接受、控制、分担的方式。

第四，风险需要实时监控。在互联网公司，几乎每款产品的背后，都连接着一个数据监控平台。数据监控的维度多种多样。比如，·个运维工程师要随时关注服务器的负载情况，App 产品出现线上重大 Bug 需要及时处理，一个失败的活动导致大量用户骤然流失，这些都是需要在第一时间去发现和紧急处理的风险。

在生活中，对于可能发生的高风险，我们需要实时监控。比如，警察需要及时知道哪里发生了法犯罪事件；一个怀孕 7 个月以上的孕妇，通过数胎动次数并每日记录来监控孕期风险。

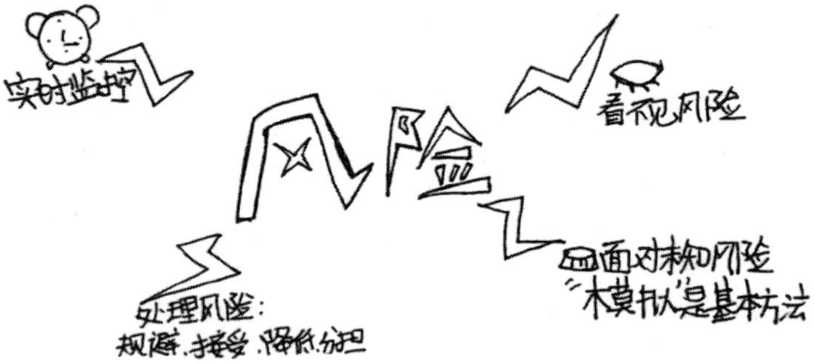


最后，请你想想看，你所从事或计划从事的行业，处于行业生命周期的哪个阶段，你所做的产品，可能面临着哪些风险。宏观上和微观上的风险，你能想到哪些？又如何抵御它们？

## 10.4 启发：产品发展史看的是什么

“产品”一词是近几十年才被单独提出来的概念。倘若我们把“工具”也列为产品，那么产品的历史足以追溯到人类第一次将石头打磨成利器的那一刻。工具当然是产品，因为产品存在的意义便是成为人们实现某种诉求的工具。从住的房屋到吃饭的碗筷，再到互联网虚拟产品等都是如此。所以我们有大量的案例和数据来研究产品发展的历史。

互联网产品经理往往对产品历史关注较少，主要关注的都是苹果、谷歌、微软等巨头公司令人津津乐道的产品和自己管理的产品。但我们应该知道，一个产品从开始发展到现在，经历了怎样的变化。只有当我们了解完一个产品的发展史，我们才知道它为什么是现在的样子，才知道它的“坑”从何而来。对于产品所取得的成功也会有更全面深刻的认识。

以铜为镜，可以正衣冠；以史为镜，可以知兴替；以人为镜，可以明得失。在任何一个领域，多了解前人的成功经验与失败经历，对自己的帮助都是巨大的，而失败经历往往更重要。

当我们看产品发展史时，看的是什么，我想重点有以下几点。

### 1. 从同类产品的历史中找到具有共性的“经验教训”

即使你无法在历史中找到可以复制的成功经验，却能发现大量相同或相似的失败案例。失败不需要学习，却有借鉴、警示的意义。

初为产品经理时，同组的产品经理想当然地去掉了产品上的一个小功能，结果新版一上线，就遭到大量用户的抱怨。他的失败给我上了一课，在之后的产品生涯中，无论是增加功能，还是减少功能，我都会做更多的调研和思考。

我想，这位产品经理的失败之所以对我有借鉴意义，主要是因为他离我足够近，我们有共同的职位，以及我们做着类似的工作内容。在往后的产品经理生涯中，我看到了太多相同的错误。

无疑，很多问题是整个产品经理群体都会面临的，这就形成了一个现象：失败总是相似的，而解决办法也被总结得越来越具体。为了少踩一点“坑”，产品经理可以主动从历史中总结经验教训。

具体该怎么做呢？从下面的三段历史故事中，你能吸取怎样的经验教训？

在很长时间内，AT&T 公司垄断着美国和加拿大的电话业务。但在 1995 年，AT&T 董事会决定分家，最终导致 AT&T 衰落。当时的董事会，已经没有人愿意为 AT&T 的长远发展负责，他们更喜欢保证投资人的利益。一场分家有如杀鸡取卵，被分为两家的长途电话业务和移动业务，前者没有发展的潜力，后者没有足够的资金用以迅速扩张。

雅虎曾经是世界上最大的门户网站之一。但后来雅虎的董事会成了一个大杂烩，关心的主要问题已经不是如何发展，而是更多的投资回报。在这种思想的指导下，董事会选定了一个资历浅薄，对互联网并不太了解的 CEO 卡罗尔·巴茨。卡罗尔上台后做的事情其实就是想办法拆卖雅虎，尽可能考虑投资人利益。

摩托罗拉是世界无线通信的先驱和领导者，但它只领导了移动通信的第一个浪潮，就被对手赶上并超过。彻底拖住这只“大象”后腿的是内部行事的低效率、管理混乱的问题。虽然 CEO 很想把它办成一个“百年老店”，但心有余而力不足，没有能力迎接信息革命的挑战。

根据上面这三个故事，你是否能总结出这样的结论：

（1）一个公司的领导人、决策班子对公司的发展至关重要。

（2）追逐个人利益而造成的内耗、短视往往会牺牲公司的长远发展。

“成功不一定相同，失败总是相似，”这就是我们做产品应该吸取的经验教训。

### 2. 看的是“产品设计背后的动机”

有没有想过生活中使用的每一个产品，为何是现在的样子？

为什么“钞票”这样一张不能吃、不能写的“纸”，能有如此高的价值，能在市场中流通？

钞票本身就是商品。

为什么牛奶装在方盒子里卖，而可乐却装在圆形瓶子里卖?

方盒子节省冷柜空间，圆瓶子存储量大。

为什么大多数的碗都是陶瓷的？

金属的导热太快。

追溯产品形成动机的意义在于，我们从历史中获得的指导，不是固守当下，而是更加自由地去看待产品的非必然性。对于这些产品而言，它们往往不是一种必然选择，却能在一场又一场激烈的竞争中获胜。

如果不了解钞票的历史，或许我们会将钞票设计得比现在更加时尚，甚至还能让每张钞票都拥有不一样的花纹。但是，推动钞票背后的动机是中央控制、标准、限量、耐磨、易携带等。

为了耐磨，越南的纸币居然是用塑料做的。更有意思的是早期的硬币都是贵金属，为了防止有人把硬币的边缘剪下去，边缘一般都会做成锯齿状。

不了解产品背后的成因，有时候就没法理解产品为何存在。当我们接手一个项目时，经常会有人抱怨上一个产品经理做了多余的设计。如果询问一下他的设计动机，可能就会发现其存在的合理性。

比如，古代的钱币中间有孔是为了便于携带，可以用绳子串起来。日本、墨西哥的小面值硬币也会用有孔币，估计是为了节省材料。

商业化的产品设计是要给设计师“戴上手铐”的。换句话说，如果我们知道这个产品在历史上是如何胜出的，就不会把产品设计成失败的样子。产品经理是一个既有空间，又有受约束的工作。对动机的了解，有助于我们了解产品的“约束性”。

### 3. 看的是“产品生产及发展的关键要素”

历史的形成有一定的随机性，所以我们坦然接受了“成功不可复制”的观点。话虽如此，但我们依旧需要主动构建产品成功发展的要素。我们可以从历史中梳理出产品成功的诸多要素，并以它们为基础去发掘未来成功的可能性，而不是“听天由命”。

历史中很多产品的成功，其本质都像是集齐了零食袋里所有卡片的过程。你既需要付出金钱和时间，又需要运气。某些稀有卡片，它极少出现，但只要稀有卡片它存在，就总会有人获得集齐卡片的运气。

我小时候吃过一种虾条，里面的卡片集齐唐僧师徒四人就会有大奖，20 多年过去了，我就没见过唐僧。

中国的瓷器，就是一个“集齐所有卡片”的幸运儿。想想看，为什么同样拥有大量高岭土的美洲，没能发展出瓷器呢？为什么瓷器真正走向全世界并影响世界文明进程，是从唐宋代开始的？中国为什么会是那个集齐了卡片的人，而成为瓷器大国呢？

现在让我们来分解一下中国之所以能把瓷器做得如此成功的关键要素。如果用几个关键词来概括的话，那就是：资源、文明、技术。

从资源说起，瓷器的生产需要一种特殊的资源：高岭土。这种资源在中国和美洲能大量找到，但当时美洲缺乏文明的土壤来孕育瓷器市场。倘若一个地区的文明落后，就难以催生出高层次的精神需求产物。

拥有高岭土的美洲，却无法将其转变成资源，那么中国就成了资源的独占者，这看起来真是一种运气。

瓷器在唐宋时期开始传播到国外，这离不开文化和造制瓷技术上的进步。唐宋年间大批量生产及改良炉灶，让瓷器生产量大大增加。炉灶的温度、上釉技术在此期间也得到了改进。

历史上是这样评价汝窑瓷器的：质量上乘而且稀有，漂亮而精致，符合人的审美。直至如今，我们评价“好的产品”，也无外乎这句话。

海运发达也是一个重要原因。单纯靠马匹和骆驼，把易碎的瓷器运到欧洲需要很高的成本。

从瓷器的发展史来看，我们可以简单地概括为，利用高岭土这个特殊的资源，基于市场的需求和朝廷的重视，在这样的时机下，加上技术的升级，让瓷器商品得以发展壮大。

所谓运气，就是天时、地利、人和。

**4. 看的是“人们在追求什么”**

如果我们说历史的形成是偶然的，那么，能够让我们找到确定性的就是无论在哪个时期，人们都在追求的具有共性的东西。比如长寿、健康、快乐。在产品发展史中，我们也可以看到人们在“追求”上的共性。比如从原始时期制作狩猎的长矛开始，到当代的智能设备，人们制作工具，在大多数情况下都是对“提升效率”和“降低成本”的追求。

几千年来，人类普遍面对的问题是贫穷、疾病、饥荒和战争。而为了克服这些问题，人们始终追寻生存、富足、和平。随着一些社会问题的消失，人们可以依靠自身的力量去消除贫穷、疾病、饥荒和战争。这时人们的焦虑并没有停止，而是有了新的追求，比如长生、幸福、自由。

历史中，一款产品诞生了，我们关注的是它能为人们解决什么问题。这些问题很多就是上述全人类大问题的一个极为细小的分支。当我们看产品史时，也能从中看到人性的发展和人类追求的步伐。

产品作为 ，它的发展依附于人类需求的变化。但无论是解决生存问题，还是生活问题，工具的进化都影响和提升着人们的生活品质。

有些需求是根植于我们灵魂深处的，写在人类的基因里的，不太容易改变。因为演化的速度比我们想象的慢得多。

“进化”是历史海洋中此起彼落的浪潮。一个浪潮来了，一些产品出现了。

这些产品达到历史的顶峰后，很快又会逐渐远去。在这一个又一个的浪潮里，我们捡拾最有价值的贝壳。我们等候在海边，随时准备迎接下一个浪潮。

## 【行动指南】

假设你是某打车 App 的产品经理，需要对出行安全风险提出产品方案。

**相关知识点：**

风险管理的四点

**思维指南：**

【找到核心】盘点过去发生的有关打车 App 的安全事故，它们有哪些共性，思考导致这类事故的主要问题出在哪里。

【了解限制】了解哪些规避措施是有局限性的。对于难以避免的风险，就要着重思考快速处理的方案。

**开始行动：**

回顾本章产品风险管理的思维，从四个思维角度去思考如何做方案。

# 第 11 章

# "迷茫"这个病，可治

我们最容易在以下场景中感到迷茫。

（1）产品定位不清晰

（2）想要创业，不知道做什么

（3）产品发展状况一般，不知道是改变现状，还是维持现状

（4）做一个自己完全没接触过的产品类型时

（5）不知道该如何追赶趋势

如果把"迷茫"看作是一种疾病的话，那么病因可能就是知道的东西（信息）太少，比如，缺乏经验。但是，大多数情况是因为我们并不擅长解谜。

我们并不知道哪些信息对做产品发展计划更有帮助；我们不知道该用什么样的方法去了解更多的信息；我们不知道得到这些信息后该如何使用；即使有

了大量的信息，判断和决策又过于感性。

不仅做产品如此，定位不清的问题普遍存在生活中。比如很多人高考的时候不知道报什么大学、学什么专业，毕业了不知道干什么工作，工作了几年不知道自己的未来如何发展。

此外，我们被“不舍得”所禁锢。如果已经付出了很多成本在打造一款产品，就难以应对变化。一是我们不舍得放弃原来的方案，二是我们不舍得之前付出的成本。

迷茫的感觉就像在茫茫沙漠中漫步。但我们对此并非束手无策，我们可以拿出指南针向前行，也可以在进入沙漠时就构建标志物，以保证随时可以撤回。

如果不能应对迷茫，就难以清楚地知道产品是如何发展的。面对迷茫，我们提供了下面四颗“药丸”。

## 11.1 四颗“药丸”

这四颗药丸与我们生病时吃的药丸有相似的地方：基于专业的理论知识，经过无数次试验。现在，可以拿出来为大家治疗“迷茫”。

### 1. 简化药丸：解剖“迷茫“，拆解至清晰可回答的问题

【病症】

前文最容易让我们陷入迷茫的 5 个方面，解决其中任何一个都需要做大量的工作，才能找到答案。这让我们陷入苦恼，这些难题究竟该从哪里开始解决呢？

【治疗】

治疗这个病症，我们要将复杂问题简单化。

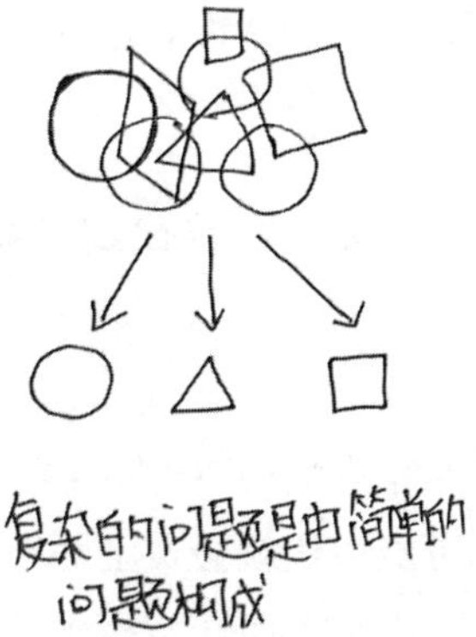


可以用思维导图将这个问题拆解成多个小问题，然后一一进行解答。

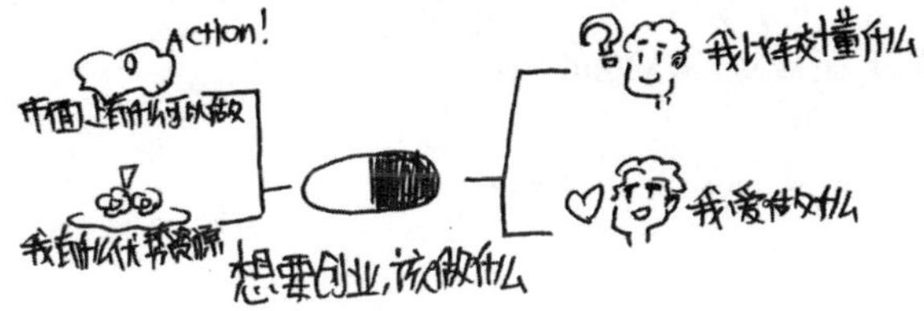


如果仍然觉得某一个问题难以回答，那么就需要再向下进行拆解，直到问题的答案变得简单明了。

有些问题回答不上来，可能并不是因为拆解得不够详细，而是确实对这个问题不够了解，需要再进行一些调研。把它标记出来，并做好新的调研计划。

整理所有的答案，找到它们中的共性。最好的情况：我爱做的，也是我能做的，且是我能做好的。

### 2. 线索药丸：找答案前，要先制定找到答案的策略

【病症】

如果现在有一个问题需要你进行回答，比如“你的爱好是什么”，你要如何回答？如果给你一张纸，你可能很快就会在上面写上答案。但是，假如这些答案关乎你接下来的重大决策，你是否应该更慎重一些呢？

很多产品经理在接到一个用户需求后，就会马上去思考它有哪些功能。他们能在拿到需求的一小时后，就给出一张产品功能设计稿。但很多时候，这就是导致设计方案不能被实际落地的原因。

你工作很高效，可却缺乏战略思考。

【治疗】

在回答问题前，先做一个更加前置的思考：我用什么方式来获得答案。比如针对“你的爱好是什么”，我们可以做出的策略是：列出曾经让自己产生过兴趣的事情；列出自己每天的时间分配情况，看一看与爱好相关的部分哪个占比多。这个策略的前提是你要对“爱好”进行定义，如“爱好是能让自己沉浸其中，忘我去做的事请”。然后从实际情况列出自己的爱好，这样就避免了答案的随意性。

*要知道需求的真实意义，最好知道提这个问题时的语境和上下文。*

在团队协作时，产品经理给出的答案需要有说服力，要能够得到团队其他成员的支持。这就要求我们具有系统性的思考，要尽可能周全、正确。如果当你对一个问题只有一些零散的想法，或者还不知道如何回答时，可以先确定一个“获取答案的策略”，然后再根据策略输出答案。

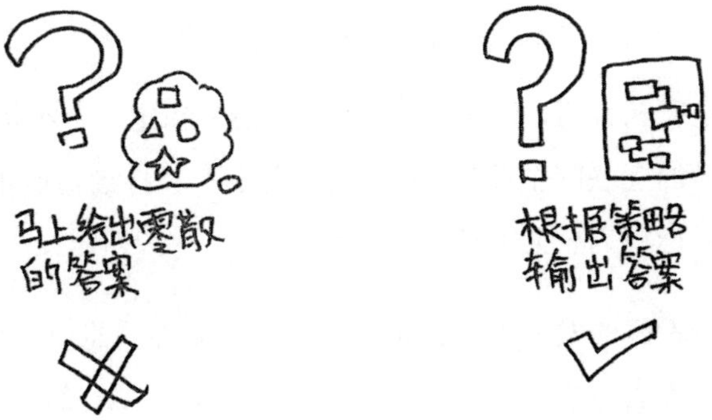


想到答案的同时，最好能想好怎么让大家接受这个答案。

### 3. 路标药丸：目标=信仰+短期收益

【病症】

如果我们并不知道五年后的世界会变成什么样子，那么我们还要不要定一个五年之后或者更长期的目标？

很多团队混淆了目标与任务，认为既然半年以后的计划在很大程度上会赶不上变化，那么干脆连目标也不要定那么长远了，结果团队更加迷茫。比如在发展初期的产品，短期目标是在半年内做到自负盈亏。那么现在面临一个选择是：增加某个功能，会带来较多的盈利，却会使产品的长期价值受损，你该如何选择呢？

【治疗】

我们给出这颗药丸后，你的正确操作应该是：指定一个终极目标。比如“成为一家最受尊敬的互联网企业”“成为行业标杆”“持续发展102年”。我们完全可以把这类目标视为企业的信仰。

如果有比较看好的发展方向，可以把它写在企业愿景里。微软这么描述公司的未来目标：我们的战略愿景是为智能云端与融入 AI 的智能边缘打造一流的平台和生产力服务，借此提升竞争力并成长发展。

这类长期目标需要定期监视，持续迭代更新。

然后根据现状，制定一个短期目标。短期目标可被执行、能在目标达成过程中获利，能够激励团队成员，并共同追求一个可被数据化衡量的指标。短期目标一定要符合当前现状，不要试图用过高指标“激发”员工。

*无法达成的目标不会激励团队，反而会让员工产生“反正也达不成，努力也没用”的想法。*

为了能让“治疗效果”更好，举一个足球运动的例子。

20世纪90年代初，在日本境内，没有一支球队能真正达到职业水准。1993年，日本足协成立J联赛，从这时起，经过20余年，日本培养出了一个又一个在世界上享有知名度的职业球员，日本足球也开始蓬勃发展。

可以说，提出“J联赛”，这是日本足协穷则思变的结果。它起源于日本足球处于低谷时，提出的一个百年计划：让日本足球在2092年的时候赢得世界杯冠军。而实现这一百年计划的策略，首先就是打造一个成功的、可持续发展的联赛，一个值得全日本人关注和骄傲的联赛，一支拥有100支职业球队的联赛。

如今，我们在各种国际赛事上，总能看到日本人的身影，日本正在按照自己的计划进行着足球职业化发展。昔日里毫不起眼的日本足球，如今在世界足坛上，已然有了自己的位置。

“日本 J 联赛的发展需要一个合理的计划，短期的经济支持无益于长效发展，日本 J 联赛还需要着眼于未来，描绘一个美好的蓝图。”这是 1997 年的经济危机给日本带来的反思。因为足球队依靠投资，而在经济危机下，大批投资商的撤出，几个明星球队几近倒闭，每周观赛的球迷下降到了不足 1 万人。

这是一个响亮的警钟，自此之后，足协鼓励各球队深入社区，与本地公司及基层学校建立良好的合作关系。这将促使足球运动能够更好地向年轻人推广，鼓励他们参与其中。同时，也能够增加每场比赛的观赛人数。

日本足球的日渐成功，显然不是基于运气，而是一个长远计划的带动。无独有偶，中国当下引进了越来越多的印度电影。基于同样的思维逻辑，我们只要翻看历史，就能发现，印度电影在将目标定位为“东方好莱坞”之后，在这个计划的带动下，也飞速地崛起了。

或许，在国内没有几个公司会定下一个百年目标。但至少，通过定长期目标我们知道自己真正想走的路是什么，而不容易受当下利益得失的左右。

最后，我脑中不时地浮现出一个场景。

Bill 赶上去抛出了自己的问题。

“营收 1000 万美元，还是发展 1000 万个用户，你们更喜欢哪个目标？”

“我听不懂你在讲什么。”

“对 Keyhole 团队来讲，一年之后，你希望我们把营收做到 1000 万美元，还是发展 1000 万个用户？”

“我想，你们这帮家伙应该考虑比这大得多的问题。”

说完，布林和佩奇就离开了。

——《谷歌方法》

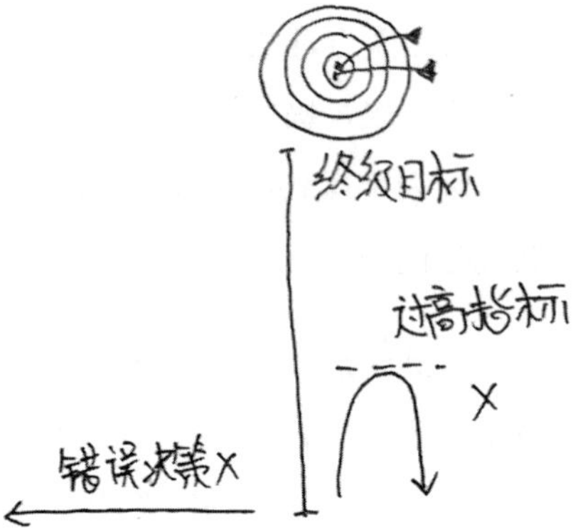


### 4. 明心药丸：不做什么很重要

【病症】

迷茫往往是我们觉得什么都能做，什么都有可能。所以干脆投入大量的精力什么都做。但是，用户就很纳闷：你们究竟是做什么的？

网易曾推出一款社交产品，易信。一开始觉得产品应该是做给年轻人的，因为他们愿意尝试一些新鲜的社交产品。但又觉得重点应该放在“熟人社交”上，当时团队觉得陌生人社交用户容易丢失，而做熟人社交会有留存。其实对于“愿意尝新”的年轻人，有趣的陌生人社交玩法可能更吸引他们。

在后续的发展中，团队“拉新”压力巨大，又做了大量针对陌生人社交的趣味功能。这些功能并没有盘活产品，而是在企业市场找到了出路。

可以说易信并没有在某一个阶段专注深挖某一种定位。团队是糊涂的，用户是迷茫的。

业务范畴太广，你就很难把每一样都做好。在从 0 到 1 的业务初探期，你什么都尝试，这是在所难免的。但如果发展了一段时间后，你还是什么都不肯舍弃，那就是病了。

就像一个人，35 岁前可以什么都试试，但是这之后应该对人生有清晰的定位。

【治疗】

一个产品负责人，在接手一个项目后，第一件事先不要谈“我们要做什么”，而是先画一个圈，圈出“我们不做什么”。这样我们再谈“我们要做什么”时，就可以快速避开什么都觉得可以做的雷区。然后，找到其中最重要的一项，将所有资源为此倾斜，以确保最重要的事情能取得成功。

这种迷茫也发生在我们择业、今天吃什么、去哪里玩、去哪个城市发展等选择上。

我们之所以要如此治疗，是因为以下三点：

（1）不做什么比做什么更容易回答，通过回答“不做什么”，“做什么”也会逐渐清晰起来。

（2）资源总是有限的。有时我们真正能做成的事可能只有一件，所以我们要排一个优先级。

（3）如果你能做一件让你享受其中，让你快乐的事，你就容易比别人做得好，就不会浪费时间。

时间就是生命，人生最大的浪费是纠结和迷茫。为了更高效地工作和学习，可以把时间用在那些美好的事物上。

## 11.2 “临床”案例：当做产品迷茫时

### 1. 案例一

一个朋友想要创办一个尿不湿品牌，劈头盖脸地就问了我一大堆问题：我这尿不湿是应该做中高端品牌，还是应该做低端品牌？我们在世界多个地方都有工厂，应该注册为日本商标、韩国商标，还是泰国商标呢？应该在哪个城市先进行投放呢？

一听到这么多问题，我就知道这个朋友现在比较迷茫。他其实想问的是：这个新品牌该怎么做才能把它做起来。

虽然他已经自行拆分了很多问题出来，但还是不够细致，需要吃一剂“简化药丸”。比如“尿不湿应该做中高端品牌，还是做低端品牌”，依旧是一个复杂的问题。我们可以进一步将它拆解为“低端品牌有哪些”，“中高端品牌有哪些”，“低端品牌和中高端品牌的主营市场及营销方式各是什么”，等等。

为了得到上面的信息，我又给他喂了一剂“线索药丸”。我建议他去观察一下线上和线下所有销售尿不湿的地方。比如超市、母婴店、京东、考拉、淘宝等地方，把它们的售价、销售量、好评率等信息记录在一张表格里进行对比。

如果做中高端品牌，可以在小红书上看看什么样的尿不湿比较受欢迎。很多妈妈也不是非要买大王、花王的尿不湿，而是希望找到性价比更高，质量更好的尿不湿。而这些都是做“网红”尿不湿的机会。

一剂“线索药丸”下肚，这位朋友仿佛自己有了更多的灵感，也想到了如何获取这些信息的办法。比如，拜访生产工厂、聘请专业人士等。

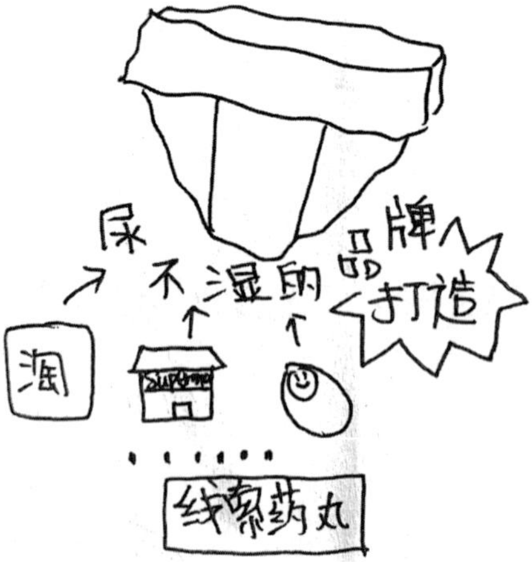


2. 案例二

一个项目负责人告诉我，因为项目缺少开发，产品一直不完善，但是产品又亟须盈利，所以想多做点运营、推广活动。面对这种情况，他压力很大，实在不知道该怎么办了。

这位负责人大概想问，“想把产品做活，可是资源极其紧缺，该怎么做？”

这时就需要“路标药丸”了。如果做这个产品的目的只是想在一年内快速赚点钱，积累一些创业经验，那自然多做营销、推广活动。如果这个产品基于一个长期目标去运营，那么就要重点考虑提升产品价值了。至于资金和人力的困难，还要再想别的办法解决。

### 3. 案例三

一个 OA（办公自动化）产品经理说，他觉得 OA 就要做得大而全，得是一个平台。然而他苦恼的是，如果真的把那些计划的功能都做了，恐怕至少要花费两三年时间。然而这些功能都是各个职能部门着急要的，似乎都得实现，该怎么办呢？

这种迷茫的情况主要是对需求来者不拒造成的。于是我给了他一剂“明心药丸”。OA 这个概念确实非常大，但是要想清楚，在你们公司，OA 的主要任务是什么。别人给你提需求，有时是因为只有你这里有开发资源。如果你不能尽早实现对方的需求，对方是否可以去找其他人来实现呢？所以，要分清出哪些任务是必须由你们完成的，哪些是不必要的。

即使是大而全的 OA，也是有边界的，需要具体定义出来。如果了解之后发现，必须要做的功能还是很多，那么就要再吃一剂“路标药丸”。根据长期和短期目标的优先级，进行功能的优先级排列分布。

大而全，往往是因为不了解实际的情况。回归到实际应用场景，你会发现真正的问题都是具体而细致的。

## 11.3 “临床”案例：当在职场中不知所措时

当在职场中不知所措时，往往有两种情况，第一种我称其为迷茫，第二种我称其为瓶颈。

现代社会节奏变化快，大多数人都会感到迷茫。在我所见的人里面，两种人最容易产生迷茫，第一种是职场小白，往往是应届大学生或者是出入职场两年内没找到方向的人；第二种是在 30 到 40 岁之间，又需要职场转型的人，他们往往因为各种原因要去换一个职业，结果发现之前的经验全无作用，甚至个别人会觉得自己“没用了”。

人们对未知的将来会产生迷茫，进而产生焦虑和自我怀疑。解决的方法有很多，但问题的根源是不知道自己能干什么。我们先看看“我”能干什么？

首先划定自己的预期薪酬，比如 8000 元到 12000 元。然后利用招聘网站寻找符合收入要求的工作。再剔除自己不会的职业，剩下的就是备选项。最后根据职业需求，整理成表格，简单做一个数据分析。

可能会遇见三种情况。

第一，大多数职业要求你都符合。预期薪酬可能低于市场对你的估价，可以考虑提高预期薪酬，或者找一个有发展前途的工作试一试。

第二，绝大多数工作的要求你都做不到，那么你需要降低自己的预期薪酬，再重新来一遍。

第三，你可能满足入职条件的部分条款，那么就挑选满足最多条款的工作去面试。一般企业不会严格要求求职者满足所有条件，关键是核心条款需要匹配。其余条款正是你需要提升的方向，也是未来职业需要的技能。

如此一来，无论是你工作的方向，还是努力的方向都会变得清晰可见。你可以发现自己欠缺的东西，市场需要的技能，企业看中的条件。当然，你还会发现，原来很多事情自己也能去尝试。

对于面对职业瓶颈期的人，我建议先想清楚要什么，最好排一个优先顺序。如果你希望的是升迁，那么通用技能是否合乎要求就是第一位。职位越高，专业能力在所有能力中的占比就越少（技术专家路线除外），而通用能力会越来越重要。比如，有一个店长连续三年都获得门店排名第一，但是一直无法升为区域经理，而另一个比他业绩差的店长却获得了升迁。于是，他愤愤不平地向上级反映，得到的答复是两点。第一，连续三年都是门店第一，说明你很适合做店长；第二，三年中没有培养出一个可以做店长的人，说明你不适合管理店长。

所以，你需要了解高层次职位的需求技能是什么。以培训工作来说，讲师的核心能力是授课能力，培训经理的核心能力是培训策划和组织能力，商学院院长的核心能力是培训项目的运作和管理能力。向上发展需要的不是原本能力的提高，而是另一个层次能力的挖掘。因为当你直接对总裁或者副总裁汇报时，他很可能是一个外行，他是很难评估专业性的东西。但是，你的整体思路和项目运作能力他是能看出来的。

## 【行动指南】

终于大学毕业了，你觉得自己没什么特长，该找什么工作好呢？

**相关知识点：**

四颗药丸

**思维指南：**

【长远思考】这是你的重要选择，不能过于计较当下的得失。因为一旦上路，每一步都是走向未来的基础。想想多年之后，你想成为什么样的人。

**开始行动：**

如果你已经就业，可以先思考“如果现在让你换个行业，你会选择什么”，试着用本章学到的内容重新为自己做一次职业规划。然后再去做这道题，这时你可以作为过来人，给新人喂“四颗药丸”了。

# 第12章

# 竞争与发展

我们该感谢竞争吗？

竞争是残酷的。倘若没有竞争，任何产品都可以不必寻求发展。就像校园里包办的食堂、自来水厂等。

当我们说感谢竞争时，是作为一个享受着发展状态的用户。只要食堂引入竞争，让每个窗口都来自不同的供应商，那么整体的质量就会大大提升。

竞争让人们处于一种“前怕狼，后怕虎”的压力中。这种压力促使人们提供更好的服务、关注用户体验和保持持续创新。这正是人类社会所需要的局面。即便从生物学的角度来看，也会认为竞争是自然选择的主要因素。

但对于个体来说，竞争是非常冷漠的。它并不可爱，缺乏人情味。它只筛选出极少数的成功者，而从不顾及失败者的感受。

我们之所以要竞争，是因为我们无路可走。不参与竞争，根本没有在市场中生存的资格。而无论是什么样的产品，都会在市场竞争中被持续打磨和塑造。

如果没有竞争，就没有今日我们能看到的一切。

金融界有一个词叫鲶鱼效应，讲的是在一堆小鱼中放入一条肉食性的鲶鱼，在鲶鱼的威胁下小鱼会拼命游动，这样在运输中会增加小鱼的存活率。很多时候竞争看上去是增加死亡，实际上可能带来新生。

## 12.1 竞品研究，研究什么

有一次我随口问一个产品经理：竞品研究，你会研究什么？

他经验非常丰富，列出了盈利模式、功能、产品定位、用户口碑、设计、核心技术等非常多的竞品研究维度。我说：不错，不过还缺少了点东西。

为了明确这个问题的答案，不妨让我们将问题拆分，先来思考在什么情况下，我们需要做竞品研究，以及哪些信息是需要我们关注的。

### 1. 当我们要向竞品学习时，我们需要做竞品研究

如果说要向强大的竞争对手学习，往往值得学习的地方只有一小部分。因

为几乎没有哪个竞争者是什么都做得好的。我们更加难以把别人的产品功能或运营策略全部复制过来。

基于学习的目的，竞争对手更像是“三人行必有我师”中的一位老师。我们要做的是找到这位老师的专长，并观察他的“示范”。一开始，我们学习的方式可能只是模仿，但我们有经验之后，就会进入更深入的理解阶段，即明白为何竞品这样做是有效果的。

根据岗位及关注信息，你可以选择性地调研竞品的某一方面。企图在一次竞品调研中就能完整地了解竞品的各方面情况，是不太可能的。在大多数互联网公司，几乎不会花非常多的时间去做调研。除非公司认为进行一次完整的竞品调研非常有必要，才会特意腾出大量时间出来。

以互联网公司为例，以学习为目的竞品调研，大多从以下几个维度展开。

| 序号 | 调研内容 | 关注内容 |
| --- | --- | --- |
| 1 | 调研设计 | 交互体验、视觉风格等 |
| 2 | 调研技术 | 竞品的核心技术等 |
| 3 | 调研产品功能 | 关注亮点功能、版本迭代和演变，留意版本发布日志，找到发展曲线、增长点，寻找关键服务 |
| 4 | 调研运营及商业模式 | 运营模式、盈利模式、市场推广等 |
| 5 | 调研关键数据 | 用户量、活跃度、转化率等 |

### 2. 当我们要找自己的差异化竞争优势时，我们需要做竞品研究

我们不仅要从竞品的调研中发现自己的优势，还要了解竞品的优势。有些竞品优势可能确实难以匹敌，就不要花大量成本去“硬碰硬”了。

说到产品的竞争，重头戏还是人的竞争、资源的竞争。团队有什么样的人、什么样的资源，就有能力做出什么样的产品。所以在找竞争优势上，我们不要忽视对人的研究。

| 序号 | 调研内容 | 说明 |
| --- | --- | --- |
| 1 | 调研创始人 | 了解创始人对于研究产品优势有较大帮助，这是从投资界借鉴来的思路 |
| 2 | 调研团队 | 调研关键指标及组织架构 |
| 3 | 调研竞品的用户 | 竞品服务的用户范畴、口碑等 |

### 3. 当为自己找到一个合适的竞争对手时，需要做竞品调研

如果你感觉不到自己处于竞争之中，就很容易跟市场脱节。为了促进自己的发展，就需要找到一个可以和我们直接竞争的对手，否则我们就像是在对着空气向前奔跑。一个能让我们获得进步的竞品，它的实力应该与我们相当，彼此之间可以相互博弈。

有道词典在已经实现市场占有率第一之后，还在想办法为自己假想一个竞争对手，也就是“当有一个产品能打败有道词典，那么它应该是什么样的竞争者”。于是该团队亲手做了一个竞争者，那就是更加轻量级的有道翻译官。不过，“找一个合适的竞争对手”这个需求，在大多数团队中并不需要过于重视，因为光顾着想自己产品如何拉新、如何留存就已经焦头烂额了。除了市场趋近于零和博弈的情况，对手无论做得好，还是做得坏，都极少能影响到我们自身的发展。但就像教育专家经常告诉家长和孩子一样：不要过于关注竞争、排名，关注自身的成长更为重要。因此，参与市场竞争虽然很重要，但多数时候，我们仍需要把更多的时间放在关注自己的用户上。

在明确了竞品调研目的后，我们就要开始着手调研了。那么，应该从哪里开始呢？我画了一个流程图，并且我会结合自己的经验，与大家聊聊竞品调研应该具体怎样开展。

结合流程，跟大家分享我在有道做竞品调研的经历。

竞品调研是我到有道团队时的第一个任务。对于那次所分享的调研成果，大家的评价普遍为很专业、很有用。但中间也经历了一些坎坷，所以成功夹杂着坎坷，我觉得这会是一次值得分享的经验。

从调研第一步讲起。首先明确竞品调研的目标，了解清楚调研结果的汇报对象，本次调研能产生的价值。最好提前和团队做一个前期沟通，比如询问“工作中遇到的主要问题是什么”“你对某某竞品了解多少，更想了解什么”“你想从调研中知道什么和想知道的原因”等。

提前与团队沟通调研项目，对于你是否能完成一次有价值的竞品调研非常重要。因为我就差点犯了这个错误，现在回想起来还觉得“好险”！

在分享会即将开始前的几个小时，我才去与团队确认大家想了解的信息。我当时过于自信，觉得从产品经理的角度，我想知道的都收集完成了，已经找到足够丰富的信息了。

但经过沟通后才发现，他们最想知道的信息并没有包含在我已经准备的分享内容里。

这主要是因为，我错误地以为调研结果的受众是产品经理，而实际上基本都是运营人员，他们提出的调研需求十分具体。比如，有一个同事反复强调，想了解某竞品是如何推广 9.9 元的一个体验产品的。这是一个与他工作相关度高且细致入微的调研。这让我意识到，至少他们中的一部分人，需要的调研粒度，几乎是“像素级”的。而这种像素级的调研，是为了在产品及运营的工作中，找到成功率更高的“微操套路”或“模式”。

如果只把 9.9 元体验产品的整体运营过程讲述给他听，这个调研的价值就不高了。因为我们不会去把对手的方案原封不动地抄一遍。重要的是能够把真正影响转化率的关键点找到，并结合我们自己所做的产品去进行分析。

因为重新认识到调研结果的受众与想象中的不同，所以针对运营推广人员，我又加强了对竞品在运营上的信息收集。

接下来的步骤是选择竞品。

竞品无论在维度，还是数量上，都有很多。所以，我本次调研对象的优先级是这样的。

（1）用户群体相近或一致的。

（2）产品形式或商业模式上有较多相似点的。

（3）包含前两点的行业头部产品。

这样选择的原因在于，在做这次调研时，有道乐读是一个在产品概念上还算比较新的产品，真正的直接竞争对手在国内极少。所以选择分析的竞品本质上并不构成真正的竞争关系。调研的目的自然也不是为了找到差异化，而是作为一个新产品、新团队，去向“高手”学习。所以选择了与有道乐读的产品有一定的相似点，并且已经获得一定成功的产品。

在确定了竞品后，大家还记不记得下一步该做什么？没错，收集信息。

我在这次调研分享时，就有同事说：“你做的调研好全面，各个方面、角度的信息都有，你是怎么做的呢？”

其实答案很简单，只要我们能把前文表格中的这些信息收集到，基本就足以得到这样的评价。具体收集什么信息，这里不再赘述，主要给大家分享一些获取信息的渠道。

（1）了解产品的版本迭代，可以直接在 App Store 里去找产品的更新迭代历史。当然，顺便可以看一下 App Store 里的用户评价，尤其是差评，可以了解用户的真实需求。至于好评，很多是营销套路，简单看看就好。

（2）使用一些做 ASO（应用商店优化）服务的网站（比如蝉大师）。可以查查该产品名字的搜索热度，筛选出一年的热度趋势，从中可以大概看出哪一次迭代是相对来说比较有影响力的。

（3）看竞品的用户使用体验和分享，这些分享通常会写在小红书、简书等平台上。做亲子教育类产品时会有一种感受：家长是最好的调研人员。为了给孩子选择一个值得付出金钱和时间的教育产品，家长往往会进行反复的比较，而且他们也乐意把这些心得分享出来。所以我在分享会上也告诉同事们，“这些并不是我调研的，而是上千个家长的调研，我只是把它们整理一下。”

当然，“有部分的家长是在奖品利益的刺激下，写下这些文章的”，有一些产品请托儿来写，也是极有可能的。所以我们要做一些数据的清理。有些竞品几乎没有托儿，即使是这些家长为了赢得奖品而写的文章，也是有参考价值的。毕竟，如果非要写一封表扬信，只要是自己写的，就得是情愿去表扬的，且知道要表扬什么。如果一个产品的推广运营总是用托儿来写，就基本不用去看了。

（4）在百度等搜索引擎上找产品关键词，根据产品的相关文章，去了解信息。

（5）在使用了1～4的信息搜集方法后，就可以沿着一些线索继续寻找。比如，你在百度百科上知道斑马英语的创始团队是猿辅导，那么就可以进一步去了解猿辅导的教育理念是什么，因为一个产品的发展是有延续性的。你在搜索产品信息时，完全可以从一个点，了解到其他相关的点，然后再将它们连成线和面去理解。

收集信息是一种能力，比如从一堆资料中找到想要的内容，这些都是需要持续训练，需要有对关键词、数据和资料的敏感度。

最后，将收集到的信息进行整合，然后展现给团队。这一步你可以使用思维导图来梳理并展现你的逻辑。

## 12.2 竞争对手

### 1. 竞争对手都是谁

我们先来尝试做一道题：花王尿不湿与下面的哪些产品属于竞争关系？

（1）大王尿不湿

（2）拉拉裤

（3）马桶

（4）尿布

（5）开裆裤

（6）某新品牌尿不湿

或许你会首先将“开裆裤”排除掉。但事实上，那些穿着开裆裤的小孩，很少需要穿尿不湿，因而开裆裤间接地与尿不湿形成了竞争关系，抢夺了这一需求市场。

很多人可能会排除至少 1 个看起来不能作为花王尿不湿竞争对手的选项，但很遗憾，正确的答案：它们都是花王尿不湿的竞争对手。

根据“波特五力模型”的提示，我们可以把竞争对手划分为：新进入者、现有行业内的竞争对手、替代产品。

其中行业内的竞争对手会与我们产生直接竞争关系，而替代产品则多与我们进行间接竞争，二者共同抢夺用户的“需求”资源。

假设你现在是一名入行 3～5 年的产品经理，你的竞争对手包括那些幸运又潜力巨大的职场新人（新进入者），和你工龄一样且与你在同一个项目组的产品经理（现有行业内的竞争对手），以及有着良好产品思维的交互设计师（替代产品）。如果他们做得足够好，就很有可能替换掉你的位置。

再回到“尿不湿”的案例，按照这三个划分方法，我们就可以把花王尿不湿的竞争对手进行如下分类。

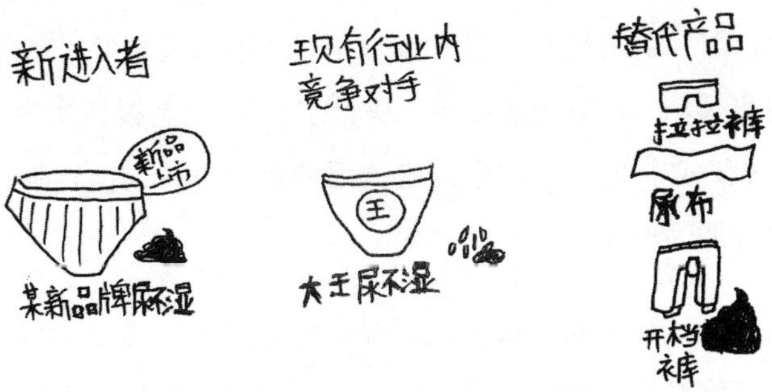

竞争对手之所以出现在不同维度，主要是因为面对同一个问题，人们可以给出不同的解决办法，有时甚至完全不同，但它们无疑都能解决问题。比如全棉时代主张纯棉制品，安德玛抵制纯棉制品，而两者都有各自的支持者。

方便面的销量下降，是因为外卖平台的兴起，很多看似不相关的东西可能才是真正的威胁。

不同的解决办法在市场这个“大法庭”上总会互相指出彼此的问题，有些解决办法会黯然退场（比如在城市地区已经很少见到穿开裆裤的小孩了），而有些则得到了改进和发展。

在激烈的竞争下，弱者承担着可能随时退场的巨大压力。我们都不想成为弱者，可我们中的大多数产品实际上都还处于弱者圈子，在市场上表现为可替代性强、议价能力低。

### 2. 竞争力弱有什么表现

在市场中，竞争力是以“议价能力”作为表现的，竞争力强的产品，具有一定的议价空间。而竞争力弱的产品，则只能受限于市场平均价格。在人才市场下，这样的区别也非常明显。

但什么样的表现是“竞争力弱”呢？根据大量的资料与竞争实战，我们总结为： 转移成本低，缺乏差异化，进入成本低、壁垒低。

以新手销售为例，毕业生如果找不到专业领域的岗位，通常也可以先找到一个销售岗位，因为初级销售的进入成本不高（进入成本低、壁垒低）。在缺乏自身资源及销售技巧、策略的情况下（缺乏差异化），老板替换掉一个新手销售的成本较低（转移成本低）。这时我们说新手销售的可替代性较强，竞争力较弱，也就表现为议价能力低了。

在商业战场上，简单而同质化的产品，往往就处于竞争力弱的境地。因为议价能力低，打价格战的做法也时有发生。这样的竞争圈子常发生在“完全竞争市场”中。完全竞争市场是经济学的概念，指的是市场上的买者和卖者足够多且各个卖者提供的物品大体上相同的情况，比如大米、小麦市场。

在一个完全竞争的市场下，通过创造差异化、打造专业化，以提升竞争壁垒，有助于打破低竞争力产品间的价格竞争。比如随着科技的进步，连粮食也在追求差异化竞争了，现在也很难说不同品牌的大米是属于完全竞争关系了。

## 12.3　产品竞争之“计”

虽然我们难以逃避竞争，但赢得竞争本身并不是我们做产品的目的。我们真正寻求的应该是产品的生存和自我发展。无论是竞争，还是合作，都只是促使产品生存及发展的手段。

然而现实情况是，竞争越是激烈，我们越容易迷失在“为了竞争而做事”的旋涡里。比如，在缺乏长期规划的情况下去打价格战、广告站、促销战、品类战等。这种希望在短期内通过大量的成本投入，寻求快速的增长，或通过过度打击竞争对手，争夺市场份额的行为，往往会因为后期盈利能力不足，导致产品（团队）难以持续下去。

其实这些短期内高投入的战争并不是不可以打，但它是一个风险巨大的赌注。为了巨额投入不打水漂，就一定要为用户找到长期留存下来的理由，也就是明确以产品价值为基础的竞争优势。这样做可能导致前期利润受损，甚至亏本，但因为有大量用户留存下来，在商业模式明朗的前提下，留存用户会成为后续的付费用户，长期来看，总利润依然是一个较大的正数。

出行平台的补贴大战就是典型的例子。事实上，这可以理解为一种倾销，通过倾销把市场中的其他品牌全部压倒，然后获得独占市场的垄断型利润来弥补前面的亏损。

从经济学的角度来看，“企业的目标是利润最大化，利润等于总收益减去总成本”（《经济学原理》）。而能够支持这一目标的核心武器是优势资源，优势资源是打造竞争优势的基础。

要理解竞争优势与利润最大化的关系，就要先理解“竞争优势”的含义。

我们可以将竞争优势分成“进攻型优势”和“防守型优势”。

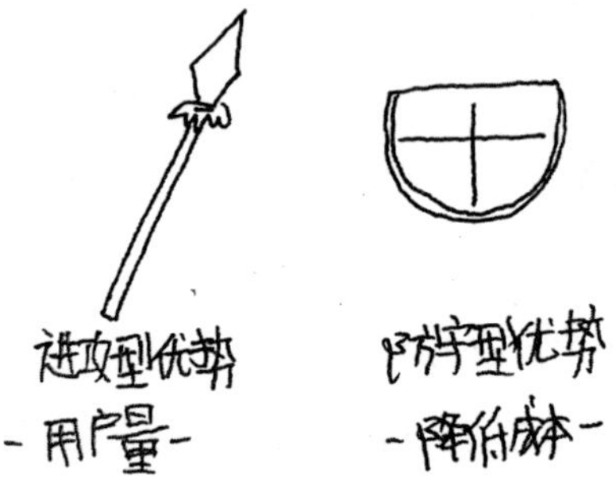


进攻型优势包括产品拥有特色的服务，拥有较多资金来打广告、做活动，等等。这些优势能够给产品带来更多的用户，我们称之为进攻型优势。

防守型优势的目的则不是在于增加用户量，而是为了降低成本。在与竞品收益相同的情况下，成本越低，利润则越高，对于产品发展就越有利。降低成本的方式，通常从标准化、智能化的生产，以及高水平的管理出发。

竞争既然是一个关于“利润”的故事，它就可以说是一个数学题。你要把这个数学题放在 1 个季度、半年、1 年、3 年、5 年的范畴里分别算一下。在 1 个季度内亏本的计划，放在 1 年里是否能获得利润？1 年里有利润的，放在 3 年里还有没有？通过这种计算之后，心里有谱再开始展开行动。

这个思路也与《孙子兵法》不谋而合。《孙子兵法》的“计”，讲的不是“奇谋巧计”，而是“计算”。其核心思维就是人要“知胜”，也就是说在打仗前你先算算自己的实力有没有别人强，如果没有就不要打了，要守。要是算下来觉得能赢，那就可以兴师动众地发动战争了。

有些知识被小说和演义所误导，所以我们理解的智谋之士都是能智计百出、以少胜多的人。其实这都是故事，往往都是阴谋，而我们应该推崇的是阳谋。

阴谋的前提是信息不对称，也就是成功的谋士最好有个傻子当对手，阴谋一旦被人知道就没用了。而真实世界信息往往是大致对称的。阳谋就是通过“计”来算出自己的优势，阳谋不怕对方知道，知道了也无所谓。所谓以少胜多，大多数都是局部的以多胜少。

计算的首要内容就是对资源的盘点。比如，通过计算敌我双方的兵马数量、粮草情况等，就可以大概估算出胜算有几成。

在现代商业竞争中，竞争者的信息已经非常透明。比如，通过第三方数据统计网站，了解产品的流量、用户量等数据；通过市场及用户调研，了解竞品的口碑、优势及劣势。另外，在竞品的官网上看一看，也能知道他们的商业动态。

知己知彼虽然变得越来越容易，可是评估胜算却变得越来越复杂。古时候打仗多为少数国家之间的战争，但在如今的商业竞争中，一个产品的直接及间接竞争对手多则数以万计。没有人能肯定地说，它们中的谁会成为市场的霸主。

那么我们如今的“计”，又需要计算些什么呢？

在互联网公司，只要多看几个后台数据统计就能总结出规律。我们的“计”变得特别细致，它包括了用户每一步操作的转化率、流失率以及其中具体的数据。从日常记录的精细数据里，有一些数据经过计算后，是产品重点需要的“计”。

（1）新用户增量、增率

（2）活跃用户量、活跃用户量占全部用户的比例

（3）留存用户量、留存用户量占全部用户的比例

数据有很多，但只有关键数据才会给团队带来目标。所以，产品重要的“计”，主要围绕着以上三个数据展开。它们结合起来就像一个蓄水池，留存越多，新进用户越多，蓄水量越充足。而活跃用户是转为留存用户的基础，它代表着用

户当前对产品有着充分的需求。

因而，我们现在说的“计”，其实说的就是计算这个蓄水池里的水量。从总体数据的大目标，延伸到各个岗位的小目标。当这三个数字处于“良性向上发展”时，我们说产品当下的路走得对。

我们也需要将这些数据与竞品进行对比。这就像在找一个标尺，看看我们当前的发展速度、数据情况是否是正常。当我们为销售转化率只有 5%发愁时，发现业界大多数只能达到 3%，就知道其实我们所执行的策略是可取的。

这便是当下通过计算的“计”。

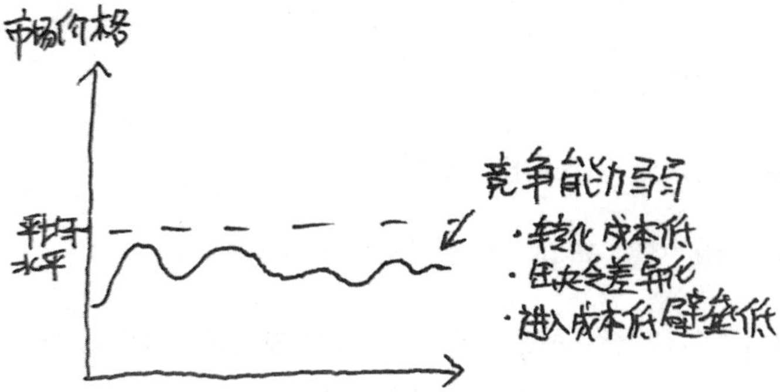

## 12.4 重新梳理“工匠精神”

很多品牌商都会给我们讲“工匠精神”。它很容易在我们的脑海里浮现出类似这样的画面：一个头发斑白，戴着黑边框眼镜的木匠，正专心致志地打磨着一把椅子的一个棱角，仿佛外界都与他没有关系。他如此专注的原动力并不在于钱，事实上他拿到的钱并不多。他热爱这手中的活计，那一把锯子、一把锉刀，便是他一生的归属。

传统的“工匠精神”，它的两大核心含义与上面的画面相符。

（1）做这个产品主要是因为热爱它，其次才是赚钱。

（2）精益求精，不跟别人较劲，而跟自己较劲。

概括起来就是：敬业、专注、精益、创意。

品牌商们自然是将“工匠精神”作为产品优势去宣传的。工匠精神代表着更高的产品价值。即使是工业化批量生产，也可以在设计、服务、工厂管理等维度进行更为细致的打磨。为了能获得利润，工匠精神必须得让用户看到、感受到，然后再把产品卖出去。

工匠精神之所以有价值，是因为能做到的人少之又少。当用户相信你真的拥有工匠精神时，恭喜你，你的产品在用户心里已经形成了品牌价值。

工匠精神是一种专注于打造产品品质的精神。

不过对于许多生产者而言，做出好产品并不是最重要的，重要的是能赚到钱。品牌更重要，还是赚钱更重要呢？有时候你可以同时做到，但对于很多生产者而言，这是个艰难的排他选择。这对于判断是否应该坚持工匠精神是一个重要的话题。

我们从“利润＝收益－成本”这个公式说起，这个公式关于“利润”，如果你认为当下赚钱最重要，那么应该重点从这个公式着手。公式可以拆解为“利润＝价格×销量－成本”，那么，选择通过降低价格、提升销量和降低成本来促进利益增长的方式是非常普遍的。但我们只要简单想想，就能发现，其实按照这个策略，利润未必高。因为销量高低很难说，价格和成本都很低的时候，即使能获得利润，充其量也是一种低水平利润的维持。

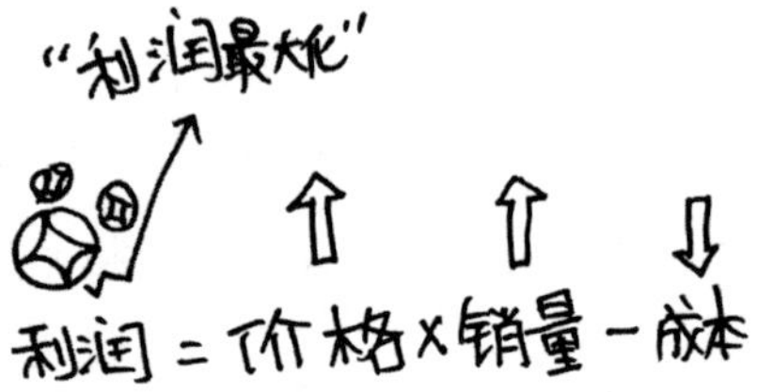


我们很清楚，利润最大化的结果应该是这样的。

（1）提升价格：基于价值的提升，用户愿意为相对较高的产品价值买单。

（2）提升销量：通过已经形成的良好口碑、品牌力持续为产品带来销量。

（3）降低成本：精致化的产品制作流程形成标准化，便能形成规模效益，降低成本。

为追求这个结果，打造产品的品牌就至关重要了。为什么呢？因为品牌的形成可以大大降低产品的宣传成本，积累粉丝用户，形成稳定、持续的销售增长趋势。

只有当我们从短期利益的漩涡中爬出来，静心思考如何为用户创造好的产品时，用户才会认可你，你才真正走在获得利润、赢得竞争的道路上。

那么现在，我们已经明白打造品牌的深远意义，而品牌的打造势必离不开工匠精神。这是因为，品牌的建设是通过用户对众多细节的感知而形成的。有时仅仅是一两个细节做得不够好，就会影响到品牌形象。

不过，当现在再去讲工匠精神时，本节开头的那个画面就很难被用于当下的实际环境中了。标准化、规模化成了每一家生产商的追求。工匠精神要在新的时代生存下去，就需要我们重新梳理其原则。

### 1. 以用户为中心的“精益求精”

一个由多人协作的复杂产品，想磨光每一个棱角是很难的。但如果以用户为中心，将用户最关注的服务，作为产品核心去精心打造，就能在用户感知上带来变化。在互联网公司，这种思想尤为重要，在人员、资金及时间都紧缺的情况下，以用户为中心的精益求精，会让用户最大化地感知到产品打造的工匠精神。

### 2. 做一些额外的努力

额外的努力，也就是“应该做”以外的努力。比如一本书的写作过程中，想办法为读者额外做一些知识服务。其实这些额外的服务几乎不会带来额外的收入，但却有益于增加粉丝的黏性。这种额外的努力经常能让用户觉得物超所值。

### 3. 专注解决好一个问题

我们都不得不承认，当下社会分工越来越细。当一个用户想借助产品来解决一个问题时，他最大的困扰可能是如何在众多的选项中做出选择。如果一家解决该问题的服务商值得信赖，这个用户可能就会通过无限回购的方式来减缓自己的选择压力。

因此，一个团队能够解决好一个问题就是形成品牌的关键之一。在竞争激烈的当下，或许以有限的资源解决好一个问题，已然是不易了。

### 4. 创新

创新不是一味地去找“蓝海”，不是逃避当前的竞争。创新是通过解决用户已经存在的诉求、痛点，为市场提供具有差异化的服务。创新的重点不在于一个天马行空的方案，而在于找到问题，即能否发现别人熟视无睹的诉求、痛点，能否坚持解决别人早早放弃解决的问题。而这些，都是工匠精神的体现。

## 【行动指南】

有没有无数次想过自己出来创业？把曾经的一个创业点子拿出来，思考一下如果它实现了，会拥有哪些竞争优势呢？

**相关知识点：**

1. 多个维度考虑竞争对手包含哪些

2. 如何避免“竞争力弱”，即打造竞争力

3. 做完整的竞品研究

**思维指南：**

【形成要素】你可能会暂时想不到曾经的创业点子能有什么优势，这时不妨回忆形成“优势”的要素是什么？比如“资源”，检查这些资源要素，就知道是否有优势了。

**开始行动：**

可以找一个自己想过的创业项目、你正在做或者感兴趣的项目。然后去做一个完整的竞品研究，包括竞品梳理、竞品分析和打造竞争力的方案等。

# 第 13 章

# 产品人的自我发展

## 13.1 提升自己的专业度

产品经理所在的工作环境往往很特殊。除了产品经理自己，其他人似乎都是专业人士，因此产品经理常自嘲是打杂的。但是专业人士要想输出产品，往往需要从产品经理那里接收需求，产品完成，还要经过产品经理的审核，产品经理提出修改建议，再由专业人士着手修改。产品经理在产品上线前进行了从设计到开发环节的确认工作，最终产品才被允许上线。

这样看起来很像是一个什么都不专业的人，在指挥各路专家做事，所以也很容易遭到专家的质疑。

但这种时候，产品经理更要摆正自己的位置：产品经理就是该盯着每一个环节，系统地思考产品整体上给用户的感受。比如，要提升产品的用户体验，是该提升稳定性，视觉感受，还是交互的简易程度等。

从专家的角度看产品迭代，就很容易陷入专业视角。从交互设计师转行为产品经理，最容易把用户体验看作是做出好产品的唯一标准，但这样的产品绝大多数都失败了。罗列几个常见的专家角度的产品价值观。

（1）交互设计师：产品应该以用户体验为中心。

（2）运营人员：产品应该应以不断完善用户服务为基础。

（3）销售人员：产品应该以客户为上帝，不断满足用户需求。

（4）老板：产品应该以获得更多的收益为目的。

对于一个真正职业的产品经理（作为产品功能的直接策划者）而言，以上这些想法，都略有偏颇。无论是用户体验、用户服务、用户需求，还是产品收益，都应该以“产品成功”为目标并以此来约束产品的发展。表面上产品经理需要密切关注上述这些要素，但实际上产品经理不用完全按照其中任何一个人的理念工作。真正需要产品经理关注的是“产品成功”本身。

产品经理需要先定义，什么是“产品成功”，是基于一定额度的盈利，是用户量达到一定的规模，还是成功地完成了一个商业闭环？只有从产品成功的角度去衡量，才知道当下所做的工作是否值得。只有产品人做到心里有数，才能真正不被任何一个强势的专业人士“牵着牛鼻子”。

为了完成这样的工作，产品经理要学习的东西往往与其他专家人士不一样。比如产品经理要清晰地知道产品所在的阶段适合做什么，不适合做什么；清楚当下的竞争环境，思考产品应该以怎样的优势立足于市场等。带着对整体流程的思考和相应的知识，产品经理要确保可使产品成功的方案，能够经过团队各个环节专家的认同，并促使每一次产品版本迭代的顺利实现。

因此，产品经理需要跟团队所有人都能对接上。作为产品经理，就得做一个“博物学家”，否则你难以真正理解设计师、营销人、技术人等专业领域合作伙伴的立场。如果你想说服他们采用你的方案，就首先得听得懂他们说的话。我们还需要不断学习，以便在沟通的过程中获得不同岗位的同事的信任。

既然是团队里的博物学家，产品经理是应该保持学习的。不过有点可惜的是，作为一名互联网公司的产品经理，往往加班较多，总会觉得留给自己看书的时间太少。这时，我们可以培养一种随时随地的“学习习惯”。

### 1. 养成学习的习惯，而不是依靠搜索

有些人认为，互联网时代，依靠互联网搜索、查询就能获取知识，知识的记忆和记录似乎是没有必要的。

我是不认同这种观念的。要知道，先不说很多时候你不一定能即时找到所要的信息，关键是知识不是平面的，它是分层次的。就像你不懂基础数学，直接去学习高等数学一样，即使找到了答案，你也理解不了。

心理学有个名词叫图式，图式的意思大概是说大脑内已有的知识和网络，是学习所有东西的基础。如果我和一个没见过柚子的人描述柚子是什么，这无疑是很困难的。但我可以说柚子像是一个大一点的橘子，如果对方没有橘子的图式，就依然一无所知。所以记忆和记录很重要。在可能的情况下，我们要多

增加知识量和加深知识结构层次，也就是图式。学习新知识的基础就是有其他日积月累的知识。

### 2. 为自己创造挑战的机会

不少产品经理都苦于没有“好的”项目经验，要么重复手头的工作，要么没有产品方案的主导权。似乎一切都得听上级安排，按上级意愿来写需求文档。

我做产品的这些年以来，最大的感触就是无论做什么样的项目，项目处于什么状态，我都能找到需要自我提升的地方。不断从经验中提升自己，这正是经验的价值。经验不在于多，而在于它对你的成长或积累起到多少积极作用。

我们可以从两个维度深入理解当下的工作：

（1）已经做过的事情，要非常清楚成功、出色的原因；

（2）和领导意见不同时，要通过更多的有效信息说服领导。

这两件事情的挑战不小，但如果能从这样一个不算“好的”的事情中得到收获，那你的成长往往也是相当迅速的。

### 3. 以开放的心态做非产品经理的工作

有时一个产品经理像一个专职打杂的人。比如，像营销人员一样去撰写广告文案，像交互设计师一样画设计稿，甚至有的产品经理还像开发人员一样写了代码。其实，产品经理“打杂”是可以的。但要记住，你并不是以“半个”设计师、营销人员、开发人员等身份去做这些事情的人，否则就是切切实实在打杂了。

从这些“打杂”工作中，最好能体会不同工作的思维模式，并思考这些工作对于产品生存和发展的深度意义。这样对怎么做产品才有更深层次、更多维度的思考。事实上，对其他岗位了解越深、越广，产品经理越容易形成自己独到的观点。

很多问题的解决方案来自换位思考，想要有换位思考的能力（我们也称为共情能力），需要有更多的视角。不去上几天学无法理解学生的累，不去写一本书不懂作家的苦。

#### 4. 刻意练习沟通能力

善于协作的基础是懂得如何高效地沟通。如果你刚刚进入职场，可能对于邮件、会议、电话的使用都不是很清晰。比如，写一封汇报问题的邮件，如何写开头、结尾？会议前如何做准备，会议后还要做哪些事情？在什么样的情况下，需要拨打电话？这些事情还需要不断学习。

熟悉了基本的沟通规则，沟通的挑战会变成“如何说服团队成员”“如何做跨部门协调”等。

沟通能力的强弱，会直接反应在你的项目推进能力中。也就是说，你要让每个团队都理解你要做什么，并让他们愿意配合，实现你所规划的产品。

具体的沟通学习，在 13.3 小节会详细介绍。

## 13.2 产品人怎么学习

产品人的学习路径其实和普通学习路径并没有什么本质的不同，都是“学习—输出—总结”三者之间的循环。很多产品经理想变得更加专业，但是因为觉得自己做的工作太杂，没有什么专业性，所以不知道该如何去深入学习。

不少企业老板或部门总监对外也自称是一名产品经理，但他们做的事情肯定和每天都要写需求文档的产品经理不同，他们需要学习的知识也不一样。无论是老板，还是总监，都需要做决策，往大了是产品的方向，往小了是一个需求的满足。

虽然我们说更专业的产品经理，能处理更复杂的任务。但其实很难衡量什么是“更复杂”。在我看来，“难者不会，会者不难”，一个自称产品经理的企业老板，很有可能会觉得写一份需求文档，比做一个决策更复杂。工作本身没有高低之分，一个老板断没有说比一个基层产品经理更专业的道理。你所在的团队需要你做什么，抑或是你想去做什么，就对应着去学习。学什么，要根据个人的职业发展规划。我们在这里主要谈怎么学的问题。

产品经理的学习，遵循着“学习—输出—总结”的范式。

### 1. 学习：纵向学习与横向学习

我们把学习分为纵向学习与横向学习。

纵向学习是对所在行业的深入学习，也包括对产品经理的思维工具、方法论的深入学习。很多公司招聘产品总监，都对产品经理的纵向专业度有较高要求，尤其是对行业的理解。比如，做了十年教育产品的产品经理，相较于同样工作十年，但很多行业都涉猎的产品经理，更容易获得“某教育产品总监”的职位。

但产品经理毕竟不是业务专家，如果缺乏产品思维和产品通用能力，即使在一个行业里沉淀得再深，也很难有所建树。

好的产品经理是有壁垒的，并不是人人都能做的，不是那种能想到一个点子，对行业有点了解就能上岗的。除了行业学习，产品经理还要多学习一些思维模式、方法论，以此提升自己在信息整合、沟通、产品规划、决策等方面的能力，从而让自己具有不可替代性。

以上谈的是纵向学习，而我认为，横向学习相对来说更加重要。大学里并没有一个专业是关于“产品经理”的，所以产品经理只有从各种学科中找到做出决策的理论依据。比如，从心理学、社会学的部分知识里，理解人们使用产品时不断产生的情绪和用户产生社交行为的原理。

横向学习是培养横向思维的基础。横向思维，顾名思义就是一个人突破当下领域的框架，从其他领域得到启示而产生新设想的思维方式。在以“创新是让产品具有价值的唯一方式”的市场倡导下，横向思维是一种非常重要的思维。

横向思考的基础需要横向的知识作为支持。比如，当一个教培产品的负责人在为如何降低成本的事情发愁时，他可以借鉴一下电商行业供应链的知识。供应链在控制成本上的研究已经非常成熟，类似“前端防杂，后端减重”的供应链思路，能够给不少非电商行业带来启发。

产品经理要多学学、多看看，还要多问问，但也不是随便翻一本书，随便问一个人。无目的性的学习，会让吸收来的知识变成一盘无处安放的散沙，缺乏可塑性，最后被人遗忘。但凡我们吸收知识，都要做一件事：与自己大脑里原有的知识建立连接。即新学会的知识，它能解决我知道的哪些问题，它和哪些知识有相关性，等等。

横向学习包含两个方面：一方面是跨行业学习，另一方面是跨学科学习。比如，用做游戏产品的思路解决在线教育产品中学生上课注意力不集中的问题，就是跨行业学习；用经济学中的“需求曲线”理论和“产品定价心理学”共同作为定价的参考因素，就是跨学科学习。

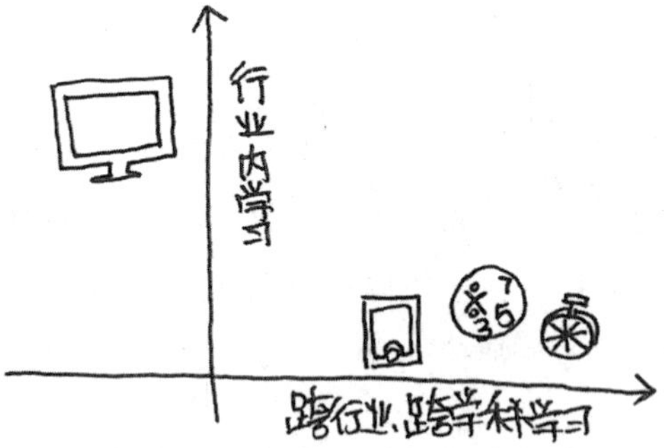


产品经理虽然学得杂，但是在处理工作时，这些知识却是必要的武器。对于要怎么学，很多产品经理有一个困惑：想系统化学习，但碎片化的知识又太多了。于是感到非常茫然，产品经理看起来什么都可以学学，反而不知道该从哪里开始学习了。

每多了解一个学科，就能增加一个看世界的角度。我建议用整块时间去学习并做好学习计划。碎片化知识的学习对于提升个人整体实力意义不大，更容易变成一种谈资。

所以，接下来要说的就是产品经理如何系统地学习？这要借助“输出”和“总结”环节。

### 2. 产品经理也能系统化地学习知识

很多产品人都受尽了碎片化知识的折磨。这些知识有的是为了完成某项工作而主动搜取来的，有的是被推荐来的。越是自卑于“产品经理缺乏专业性”，越是苦恼于该如何安放这些看着有用，但却零散的知识。

我们没有必要去拒绝碎片化的知识，因为你避免不了。最好的状态是我们碎片化地学习，但是却能够系统化地建立知识体系。

这要求我们有一个学习的逻辑结构。对于一个专业的产品经理而言，学习的逻辑可以根据“工作系统”来展开。也就是先明白产品经理的工作主要包括哪些核心环节，而这些环节可能需要用到哪些知识。比如，一名一线产品经理的工作环节和可能用到的知识。

| 工作环节 | 需掌握的知识或技能 | 学习重点 |
|---|---|---|
| 产品定位 | 调研方法论、行业知识、营销学、产品思维（以终为始） | 对“产品优势”更全面的理解 |
| 需求管理 | 项目管理方法论、心理学、经济学、调研方法论 | 理解用户需求动机 |
| 产品策划 | 行业知识、产品策划方法论、产品思维（逻辑性、系统性） | 逻辑思维的训练 |
| 设计跟进 | 产品思维（始终明确产品方向）、通用设计原理、设计相关心理学、沟通 | 主要提升审美能力和明确设计方向 |
| 开发跟进 | 基本算法及实现逻辑、项目管理技巧、沟通 | 在于沟通和管理跟进，技术不是重点 |
| 测试验收 | 产品验收方法论 | 提升产品验收的全面度，并与产品规划呼应 |
| 推广营销 | 营销学、广告学、沟通、产品思维（判断需求） | 帮助自己在产品规划期就为推广、营销埋下伏笔，充分理解营销逻辑 |

根据上表信息，要系统学习产品经理相关的知识，自然能列出以下学习清单。

（1）调研方法论，包括市场、竞品、用户、数据等维度的调研方法论。

（2）行业知识，也需要横向学习。

（3）心理学，以“设计相关心理学”为主。

（4）经济学，可以主要学微观经济学，用来理解市场运作机制。

（5）项目管理方法论。

（6）技术常识，能理解开发人员并提供建议。

（7）营销学，为营销人员接棒做好铺垫。

（8）广告学，产品广告怎么做。

（9）沟通知识，团队沟通与合作沟通。

（10）产品思维，产品人的思维范式，贯穿于整个产品过程。

获取知识的另一个要素是主动学习。人类用小白鼠做过实验，主动运动和学习对大脑都能起到锻炼作用，而被动的运动和学习几乎无效。所以如果你不爱学，看了也白看。

### 3. 输出与总结，让我们系统性地掌握知识

定期做相关知识的主题输出、实践或梳理，能够把知识真正内化为我们自己的东西。知识量不断增加，有些是已有的，有些是自己新学的，但只要这些知识你都思考过、运用过，它们都会在潜移默化间变成自己的东西。

做一次分享，给自己布置一项工作，这些任务都可以帮助你把知识串联起来。那些原本碎片化的知识，在不知不觉间会与已有的知识体系连成一个更大的系统。我们来看看常用的输出形式。

（1）制定及完成工作任务。

（2）团队内部知识分享或演讲。

（3）写文章。

（4）带徒弟。

总结起来，输出即是：做你所学，教你所做，这也是学习任何知识都可用的方法。

有了学习与输出，根据自己的学习时间和学习量，每周或每月做一个学习总结。产品经理要处理很多杂务，学习内容也很杂，尤其需要做总结。经常问问自己收获了什么，才会拾起杂乱中的精华，再融入自身的知识体系中。

接下来举一个真实例子，来看看如何从平时的经验中做总结。

有一次，我看到一个体验很差、逻辑很乱的产品，很不客气地问道："它为何会被做成这样？随便哪个产品人或设计师，都不该是如此设计的呀！"

开发负责人回答说："这个产品没有专门的产品经理及设计师参与，是开发人员自己设计的。老板也评审过这个项目，他觉得不太好，但也没提什么具体建议。大家也不知道怎么做更好，就先这样了。没有人为它做产品规划，我们拿到一个需求就做一个需求，而且经手人时常更换。"

我们可以从这样的经验中做一些总结，好让团队不再出现这样的问题。

（1）产品策划、设计是具有专业性的工作。

（2）产品逻辑要合理，需要系统性的框架和规划。

（3）产品要更换经手人，要有文档的传递和完整的交接过程。

工作中，某些环节经历得越多，总结得越多，在这些环节的处理上就越专业。

要注意的是，我们可以总结经验，但不是所有的经验或知识都能拿来直接使用。比如，"乔布斯从不相信用户调研"，这是乔布斯自己的经验。但很多人直接拿来用，做出的产品却让人难以接受。无论是产品本身，还是资源情况，普通产品经理都没法和乔布斯相比较。"不做调研"的乔布斯，在设计上有自己深刻的见解，不少产品经理只学习了乔布斯表面的"不做调研"，而没有真正理解他。

#### 4. 学习要区分本质与表象

我们只要在学习过程中区分本质和表象，就能判断哪些知识是可以拿来就用的，是具有通用价值的，而哪些知识是要验证的，是不合乎时宜的。

有一句话是我特别厌恶的，叫作"天下产品一大抄"。为什么厌恶呢？在我满腔抱负地来到网易时，因为认为“天下产品一大抄”，负责带我的导师对做产品毫无兴趣，她喜欢做运营，认为做产品经理没什么意思。

后来为了与这句话作斗争，我就很看重创新。直到现在，我与这句话抗争了近十年，我觉得是时候来说一说，我对“抄”的看法了。

先问一个问题：你觉得“抄”是什么？小时候母亲做什么，就学着做什么，是抄吗？语文老师让大家每周背两篇作文，考试时就套用这些文章框架，是抄吗？在某本书上看到非常好的句子，摘抄下来，在与人谈话或演讲时使用，是抄吗？

我们并不会把别人的思想、表达方式等全部套在我们自己的躯壳上，因为倘若如此，就是抄袭。而且我们也只提供了一个躯壳，传播的是别人的价值。但如果我们知道自己拥有独特的价值，知道自己想传达什么，我们对他人的借鉴和学习，就不是抄。这就像站在巨人肩膀上的牛顿一样。

产品经理的学习，无论是向书本学习、向人学习，还是向竞品学习，为了做到“不抄”，都要区分哪些是本质，而哪些只是表象。

网易新闻 App 上有一个“盖楼跟帖”的功能，是不是只要把这个功能拷贝到任何一个新闻类 App 上，都能把它做火呢？显然不能。“跟帖”是网易新闻长年累月积累和经营起来的社区文化。网友们在跟帖中写打油诗、玩梗，各种有趣的表达方式层出不穷。这种社区文化难以随着跟帖功能就被移植到另一款新闻软件上去。

做产品经理，也不是什么功能火就抄什么，而要学习让竞品火起来的本质。比如学习如何去营造社区文化。

表象通常是外在的东西。我们说只要本质不变，表象是可以创新的。比如初学者的学习，本质上都是基于模仿。但是随着技术的发展、教育水平的提升，模仿式教学的形式发生了巨大的变化。在我小时候，英语课里所谓的模仿就是跟读老师的发音。但是现在科技进步了，可以利用 AR、VR 技术，让学生在身临其境的场景中去模仿学习。还能通过话剧表演等新的教学方式，去演绎所学语言。表象在不断地被创新，而本质还是模仿式学习。

产品人要区分本质和表象，其意义也在于知道什么是可以利用的，什么是要创新的。只有这样，我们才能做到“不抄”。

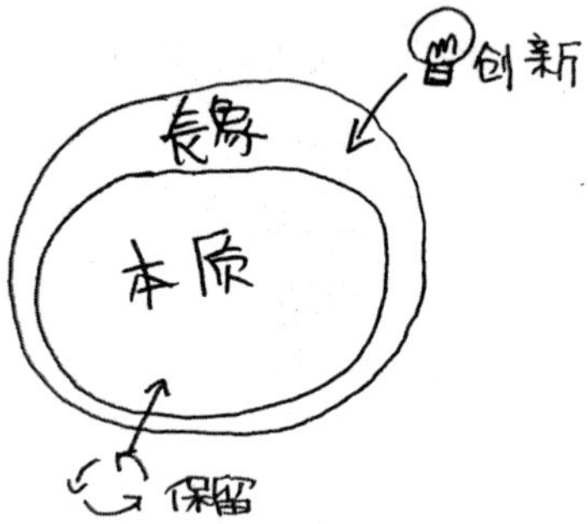


### 5. 学习与产品创新

人们经常会觉得产品的创意是天马行空的，需要自由的想象。其实高级的想象往往是不自由的，创新的基础是知识。一个产品人若要提出用户接受度高的创新，就需要先进行学习。

伯克利大学心理学教授艾利森·戈波尼克，在《摇篮里的科学家》一书中介绍了一个认知科学的研究成果：我们很多人觉得孩子的想象力是最丰富的，事实上是因为他们的大脑前额叶皮质没有发育完全，不容易专注，所以表现的思想更开放。

对于成年人来说，我们更加鼓励实践、走出去看看、积累更多的经验、学习更多的知识，而不是闭门造车。不着边际的想象力，这些只属于孩子，孩子们往往不用为这些想象力负责。而作为成年人，想象的本身即是工作，是要通过创新来创造价值的。

学习前人的经验，有足够的积累才是高级创意的基础。我们不难发现，孩子们的想象力是丰富的，但是好的童话都是成年人写的。

## 13.3 产品人的沟通修养

“沟通”是工作“武器”，对于产品经理更是如此。

一名产品经理如若要顺利地将项目推进下去，就需要在团队成员的关键沟通中达成统一认知，形成对任务、结果、策略的共同想象。

每一次沟通，都要带着目的去沟通。简单来说就是你的沟通是为了达到目的，而不是炫耀观点的正确与否。

我们来举一个著名的反例。三国时，袁绍有个谋士叫田丰。在官渡之战前，袁绍想出兵与曹操正面交战。田丰在群臣面前进言说，曹操新胜，我方应避其锋芒，固守黄河以休养生息。

袁绍不听其劝。但是田丰并未放弃，继续苦劝，最后袁绍以败坏军心为由把田丰抓了起来。后来袁绍官渡之战果然大败，觉得回去见到田先生也尴尬，就下令把他杀了。

后人对田丰的评价主要以正面为主，认为他“刚而犯上”。但我们只要简单回想一下就能发现，这种“刚而犯上”并没有带来好的结果。田丰并非只有“刚而犯上”这一种选择。如果他不是进谏于群臣面前，而是私下里给袁绍建议，把所有“荣誉”留给本就自视过高的袁将军，结果会不会就不一样了呢？但他偏偏没有这样做，而是在公众面前，大肆表现自己的“刚而犯上”，那是不是私心里有一丝想要证明自己更有谋略的想法呢？你要听我的，不然会输得很惨。事实上，袁绍最后杀他也是因为田丰说未听他之言方有此败，羞怒之下杀之。

如果田丰的目的只是为了在那次关键战役中炫耀自己的才华，那么他似乎已经做到了，但可惜的是他付出了生命的代价，历史上再没有关于田丰更多的故事了。

但如果他的目的是要将自己的谋略推进下去，那么我们就可以给他提供这样的建议：沟通要明确目的，根据目的和对沟通对象的了解，去调整你的沟通方式和时机。不要想说就说，觉得自己对就说，逞一时之快就说，这都是沟通的大忌。

结合产品人在工作中经常遇到的沟通场景，我梳理了下面这些沟通知识。这些都是产品人需要重点掌握的，它们包括：学会倾听、学会构建关系以及学会接收和布置任务。

### 1. 学会最重要的沟通技巧：倾听

产品经理在公司内部往往是作为桥梁的存在，作为信息的重要节点和关键通道，掌握一定的沟通技巧是非常必要的。

如果把沟通技巧排个序，那么排在第一的无疑是倾听。因为我们在绝大多数沟通场景中都会用到这一技巧，包括和各部门及上下级的沟通。另外，在做需求调研时沟通也特别重要。麻省理工学院的一项调研显示，企业中 80%以上的技术革新来源于对客户的倾听。

作为一个产品方向的制定者，能去倾听团队中的各种声音无疑是非常重要的。汉高祖刘邦对自己的评价是“吾唯善听尔”，可见一个好的倾听者对于一个团队或者一个产品的重要性。那么应该如何倾听呢？

我们可以通过做好下面这四件事，来提升自己的倾听能力。

（1）深呼吸

先调整你的情绪。如果自身带有各种情绪（包括过于开心和兴奋）都会严重影响你的倾听效率。尽可能让自己平静下来，这非常重要。如果你实在做不到，可以尝试五秒呼吸法，就是运用腹式呼吸法，每一次吸气和呼气都达到五秒，这个方法可以让你快速平静下来，对焦虑和愤怒尤其有效。

（2）回应

点头和微笑能让对方更有沟通的欲望，所谓话不投机半句多，就是这个道理。回应是一种非常有效的正面反馈。每个人都希望得到周围人的认同。给予正面的、积极的反馈能让对方得到认同感，你的点头和微笑要真诚，对方会觉得你是一个非常好的交流对象。卡耐基在《人性的弱点》中提到，曾经他和一个某行业的专业人士在聚会中交流，对方对他的评价非常高，觉得他是一个非常健谈的绅士。但是事实上卡耐基几乎没说什么，只是一直在听对方的谈话，并点头和微笑。

在倾听的过程中，模仿对方的肢体语言和用词习惯可以有效地拉近彼此的距离，提升沟通效率。

（3）复述

比起点头，回应复述对方的话在很多时候能起到更好的效果，能进一步加强对方的沟通欲，而且能了解到自己听到的和对方所描述的有没有出入。这很重要，因为很多时候你所听到的和对方想表达的不是同一个意思。

美国曾经有一档节目请一个 5 岁的孩子说说他的梦想。主持人问一个希望成为飞行员的孩子，如果你所驾驶的飞机没油了这么办？孩子说:“我会让所有乘客系好安全带，然后自己跳伞。”

所有现场观众和主持人听到这句话立马就笑了,“这个孩子为了能够独自逃生，怕乘客知道，还特意告诉他们系好安全带！”所有人都这么想，直到孩子的声音再次响起，“让他们等我，我会带着油回来的。”话说到这里，你还会觉得这是个坏孩子吗？

所以，听对方说话，首先要做到把话听完，最好能再复述一遍，确认你真听懂了对方的意思。

（4）提问

通过提问的方式引导话题的走向。一个好的倾听者可以让对方不停地说。提问可以帮助对方理清思路，把话题往你希望的方向引导。对于本来思路就很清晰的人，提问是另一种复述。其中，开放式问题会增加聊天的自由度，封闭式问题有利于控制话题的方向，不容易跑题。但是，切记不能连续提出封闭式问题，这会给对方很大的压迫感。提问的结果应该是对方就你的问题继续说下去。一般来说，沟通中你说的内容不要超过40%，这样效果会比较好。

### 2. 学会构建关系：人对了，世界就对了

沟通都是与人沟通，有的时候关键不是你说了什么，而是你的人际关系处理得怎么样。如果人对了，那世界就对了。

当你发现和一个人的沟通出现了问题，你首先要问自己是不是你们的关系出现了问题。想象一下，在职场中人际关系如果不处理好，你对人的批评可能被理解成恶意攻击，你对人的表扬可能被解读为冷嘲热讽。此时，什么沟通技巧都晚了。

那么，我们该如何构建关系呢？

（1）构建关系策略1：沟通从“废话”开始

衡量两个人关系的好坏有一个很有趣的指标，是看两人在沟通过程中废话（闲话）的占比。如果你和A废话比较多，而和B说话言简意赅，很大可能你和A的关系比较好。这些看上去好像没什么意义的“废话”才是体现关系亲密的载体。闺蜜之间的聊天，可能都是闲话、八卦，但是关系更亲近了。从来都

公事公办的同事，可能共事一年还是“陌生人”。

心理学有一个有趣的工具叫“乔哈里视窗”，又叫“沟通视窗”。里面重要的一个理论就是，你和一个人彼此信任的程度取决于你们彼此知道对方信息的多少，也就是所谓的扩大公开象限。而这些信息不分是否有用，事实上“有用”的信息是比较少的，而大量“无用”的信息才是建立信任的重点。因此，多和大家聊聊自己和对方的事情是提高人际关系最有效的途径。

因为沟通这事不是你不想沟通，就不沟通的。沟通像是个永动的齿轮，一直在进行中。

同事和你说句话你没回答，你是在沟通，因为对方可能收到了你不想理他的信息；你爱人给你发了信息你没回，你是在沟通，因为对方可能收到了你不重视他的信息；父母给你打电话你没接，你是在沟通，因为对方可能收到了你很忙的信息。沟通永远都是存在的，并且一直是双向的，你没法拒绝，也不能逃避，多数的误解和矛盾都是因为沟通不畅造成的。

（2）构建关系策略 2：同理心的打造

如果你能做到以上的内容，基本上沟通不会有太大问题，最后一点就是同理心的打造。

同理心也可以理解为我们常说的换位思考，心理学中称为共情能力。那么什么是换位思考呢？很多人会想到“如果是我，我怎么办”，这个不算是换位思考。它只是将“如果我也遇见了这件事，我该怎么办”换了个问法。正确的问法是“如果我是他，我怎么办”，这需要了解他的实际情况，站在他的角度去想问题。

比如你的老板是企业主，他并不一定想要打造一个伟大的产品，可能他想要的是实实在在的收入。你的上级是职业经理人，他看重的可能是这个月的考核和产品上线的时间节点。

学会换位思考，找到对方的痛点是说服的核心。老板提出不合理的需求，你要跟他交流的不是合理的需求是什么，而是什么需求能帮公司赚到更多的钱；程序员不想加班改需求，你要和他聊的是，如果不改需求，未来他有可能会加更多的班，并且还要探讨一些调休的计划。你要明确和大家是同一个战壕的队友，而不是站在对立面的敌人，大家的诉求是一致的。有什么想法大家一起商量，相互帮助解决对方的问题，对方才会把你的问题当成自己的问题。

### 3. 学会接受和布置任务

（1）布置任务

产品经理经常面对的场景是接受上级或者用户提出的需求，然后把需求转换成方案，提供给技术人员，也就是接受和布置任务。

在实际工作中，很有可能出现的情况是，产品经理自认为已经将需求及任务传达清楚，而设计及技术人员也认为自己已经了解得足够清楚了。但产品实现出来时，还是发现彼此的理解是有差距的。于是就产生了产品研发后期的高成本变更。这往往意味着产品不能按时上线，客户体验感无法保证，产品稳定性差等问题。那么如何布置任务才能尽量避免因沟通不畅而导致的变更呢？

首先，说清楚你的目的和具体计划。

在说计划之前，最好理清楚自己的逻辑和思路。如果条件允许，可以借助多媒体设备表达你要这么做的原因、你的想法和你的目的。

其次，说清楚具体的要求。

如果时间不允许，那么要把你的要求按照顺序排序，并且最好能给出优先级排列，以方便对方理解。千万不要以为所有的表达都能被理解，很多时候我们表达的意思对方不一定都会理解，因为只有你知道事情的全貌。作为产品的负责人，你了解这个产品未来是什么样子的，但是它只在你脑海里。技术人员听到的只是某一个模块。这就像盲人摸象的故事，你看到的是大象，对方摸到的只是一只象鼻子。而且研究显示听到声音和看到文字的记忆效率会差 3 到 5

倍，所以重要的需求最好变成文字转达。

然后，请对方复述一遍。

当需求提完之后，让对方复述一下。在很多人看来，复述一遍是比较麻烦的事情。如果你真的做了，你会发现它是减少麻烦最有用的方法。复述的过程中你会找出一些关键点，去确认对方是否真的理解了你的意图。你还能反思自己是否表达清楚，如果有出入，就重新表达一遍，然后再次复述，直到你们的理解具有一致性。这个一致性并不是指一字不差的复述，而是双方达成共识。

最后，提问对方这个任务的目的是什么。

我们很多时候做事情是为了做而做，不会去思考目的是什么。比如，很多产品经理都会有自己的想法，但是技术部门很多时候会觉得这种需求提得毫无意义，“简直是在故意折磨我们。”

这个时候大家需要统一的就是目的，做这个产品的目的，我们提这个需求的目的。为什么我们希望这里是红色的而不是蓝色的，为什么我们希望是点击跳转而不是自动跳转。说清楚目的，保证对方真的了解你的意图，这样做出的产品才是我们想要的，否则你可能一直在“改产品”的深渊苦苦挣扎。

而且，说明目的也是在帮我们自己梳理思路。技术人员也能根据产品目的有的放矢地做功能需求。告诉团队成员做这个产品的目的和想法，控制关键点，保留发挥的空间，这样可以做出更好的产品。

（2）接受任务

如果你学会了布置任务，接受任务就简单了。

第一，在明白用户或者上级的需求后，重复一遍。

第二，问清楚目的。通过理解对方的话，总结提炼出对方的意图。

第三，明确权限。对用户的沟通一般上面两点就可以了，但是对上级沟通往往要明确权限。也就是在项目中，什么事情需要请示，什么事情你可以自己拿主意。这往往包含财务上的权限和时间上的权限，个别项目还包括人事和其他方面的权限。

第四，超越。如果有可能，你可以提一个自己的想法，就是在确定完全明白了对方的意图后，从专业角度给予一个建议。要知道，听从命令是一个好员工的基本素质，但它是一个“必要不充分条件”。想成为一个优秀的产品经理，你要偶尔能为公司提供更好的想法。

## 【行动指南】

系统化地学习你当前职业所需要的知识，先做个学习计划吧。

**相关知识点：**

1. 产品经理的系统化学习

2. 输出与总结

**思维指南：**

【塑造结果】我们要把自己塑造成什么样的工作者，可以参考一个词叫“T型人才”，也就是先系统化地了解一个领域，同时也涉猎其他领域。领域可以很细化，比如产品经理，可以细化为在专业领域的精通人才（比如教育产品经理），在某个模块领域的精通人才（比如移动应用产品经理、后台产品经理等）。学习的内容与你要塑造的职场形象应该是相关的。

**开始行动：**

事实上你这辈子最好的产品应该是你自己，把自己当作一个产品，去用本书所学内容重新梳理一下，做一个新的计划出来吧。

# 尾声

# 一个新的开始

历时一年多，本书终于到了尾声。在共同撰写这本书期间，可以说我也得到了成长，毕竟我从没想过自己会写一本专业类的书。

李超老师是一个特别有趣的人，三句话不离本行是我对她最深的印象。你很难想象一个人无论和你说什么都会提到产品。开始写书的时候，我告诉她对于产品我是一个外行，她说课程也是产品。如果这样，那么我算“专家”。

写书是一件很开心的事情，但是和李超老师一起就不一定了，我们经常会因为一个词的定义争论几个小时。这种感觉像喝酒，初觉狠辣或痛苦，但是时间长了会喜欢上这“鬼东西”。

两个世界观完全不一样的人：李超老师是在互联网大企网易工作近十年的产品专家，我是常年在高校和公司做咨询培训的自由职业者。我们看到的用户、产品需求都有很大的差异，所以本书是我们两个人不断争论、碰撞出来的“产品”。

在本书完稿之际，我跟李超老师说："我想做一件事，这件事我思索了将近10年，但我觉得我一个人做不好，我需要一个合伙人。这件事不一定能赚很多钱，但是我相信它能给很多人的一生带来好的改变。"李超老师欣然同意。

事实上这件事情也是本书的延续。我们写的不仅是一本关于产品的书，更是一本引申哲学思考的书。我们希望读者通过本书的学习，打磨出最有价值的产品——"自己"，包括你的工作和生活。产品思维是一种思维模式，它能应用到生活的方方面面，这也是思维范式的一种大实践。

为此，我们将从一个系列课程做起，课程的名字叫"十五学社的就业大课"。课程内容是对即将毕业的大学生讲解他们很少会看到和了解的就业信息。这其中包括：进入阿里巴巴、腾讯等大公司的渠道；跨专业、跨领域的工作方法；不同城市的就业选择等。截至2019年10月1日，我们收集并研究过的招聘信息已经达到5万条，走访了52个城市，和各行各业、各个阶层的从业者建立了联系，这些信息让我们能深入了解各个就业市场。而且，课程内容会持续更新，与时俱进。

当然，"做课程"并不是我们最终的目的，我们真正想做的是成为人与就业市场之间最为紧密的信息桥梁。

仅仅因为择业时的信息不对称，造成人的迷茫和从业后的失望，这是极其让人捶胸顿足的。我们要做的，就是摊开一张地图，告诉大家有哪些未被注意的"工作洼地"。如果想攀登"工作高地"，也能在地图上看到更多通往"工作高地"的路径。

我们相信，"你也是产品"，必将在一个更适合的岗位上自我打磨，成为一个领域的专业人士，成为一些人的依赖。

每个人都是产品，在就业的市场上滞销并不是"作为产品的你"不好，而是没有找到客户和营销方法。我们希望能帮助每个人不滞销。马云希望让天下没有难做的生意，而产品经理希望让天下没有难做的产品，而我们这次要打造的产品就是“你”。

最后，重新介绍一下我们在“十五学社”中的新称号。我将以“十六”的名字来主讲“十五学社的就业大课”，而李超是“十五”。之所以这样分配，其实没有太复杂的原因，仅仅是基于一句“十五的月亮十六圆”。从身材上来讲，作为十六的我，的确会比十五更圆一些。

人如产品，所以人一直需要自我打磨和自我迭代。

已经把一本书看到这里的你，何不继续跟随我们的步伐，继续成长。

微信搜索并关注“十五学社”。

陈志昊

2020 年 1 月